OBJEKTIVE
kreativ
nutzen

OBJEKTIVE
kreativ
nutzen

Harald Mante / Josef H. Neumann

VERLAG PHOTOGRAPHIE

Vorwort

Zitat: «Sicher wissen Sie das: Nur bei einer Spiegelreflexkamera können Sie als Photograph mit den Augen des Objektives sehen, also den speziellen optischen Effekt jeder Brennweite überprüfen.
Nur: bisher mussten Sie gleichzeitig die Schärfe überprüfen und diese mit der freien Hand am Objektiv einstellen und korrigieren. Als geübter Photograph schaffen Sie das zwar recht schnell – je nach Licht und Situation dauert dies jedoch oft die entscheidende Sekunde zu lang.»
So gelesen in einer Anzeige für eine Spiegelreflex-Kamera mit dem neuen Auto-Fokus-System (AF).

Sicherlich bedeutet die technische Entwicklung mit Belichtungsautomatik und Programmvorwahlen, mit Zoom-Objektiven und Autofokus-Systemen eine grosse Erleichterung in der Handhabung der Kameras und der Lösung technischer Probleme. Doch die Technik und deren Beherrschung ist letztendlich der bei weitem kleinere Teil des Photographierens.
Das Sehen der Motive, die kreativen Ideen zu photographischen Konzepten, das richtige Umsetzen unserer dreidimensionalen Welt auf die zweidimensionale Bildfläche – mit allen Problemen der Gestaltung und der Farbgebung –, all dieses macht den überwiegenden Teil der kreativen Photographie aus.
Dieses Buch möchte dem Leser einerseits Anleitung und Hilfestellung geben, alle technischen Möglichkeiten der freien Photographie optimal zu nutzen – andererseits aber vor allem das gestalterisch-kreative Problem der Objektivzuordnung zu den jeweils gefundenen Motiven schneller und sicherer zu lösen.

Harald Mante
Josef H. Neumann
Oktober 1986

Harald Mante

Josef H. Neumann

Harald Mante
(GDL, BFF, DGPh)
geb. 1936 in Berlin
Lehre als Schildermaler
Stipendium an der Werkkunstschule Wiesbaden, Wiesbaden. Klasse Malerei bei Prof. Vincent Weber.
Kontakt zur Photographie auf der Hochzeitsreise 1960.
Autodidaktisches Studium der Photographie.
Freiberufliche Tätigkeit als Photo-Designer, Mitarbeit bei «Stern», «Twen», «Bild der Zeit», «Epoca» u. a.
Lehraufträge an der Werkkunstschule Wiesbaden, Gesamthochschule Wuppertal, Fachhochschule Dortmund.
Seit 1976 Professur für Farbphotographie an der Fachhochschule Dortmund.
Fachbücher über Gestaltung und Farbgebung, «Bildaufbau» 1969.
«Farb-Design» 1971, «Farbe und Form» 1975, «Farbig sehen und gestalten» 1980, Lizenzen in F, GB, NL, USA.
Mitarbeit bei zahlreichen Fotozeitschriften, u. a. der PHOTOGRAPHIE/Schaffhausen.
Seit 1981 Buchveröffentlichungen, u. a. «Toskana/Umbrien», «Österreich», «Florenz», «Kanada».

Josef H. Neumann (DGPh)
geb. 1953 in Rheine/Westfalen.
Lehre als Photograph.
Studium der visuellen Kommunikation an der Fachhochschule Dortmund.
Freiberufliche Tätigkeit als Photodesigner.
Studium der Publizistik, Philosophie und Kunstgeschichte an der Westfälischen Wilhelms-Universität in Münster.
Lehrauftrag für das Fach Photographie an der FH Dortmund.
Fachpublikationen in Photozeitschriften.
Freie Mitarbeit u. a. bei Meiers FOTOHEFT und PHOTOGRAPHIE.
Buchveröffentlichungen:
Der Harz, Bundesrepublik Deutschland (Panorama), München (Panorama).

Alle Aufnahmen stammen von den Autoren.
Aufgenommen mit Minolta-Kameras und -Objektiven auf Kodachrome 64-Filmen.

Art Direction: Peter Wassermann
Koordination und Layout: Vito Locatelli
Fotolithos: Color Print AG, Voltastrasse 69, CH-8044 Zürich
Satz + Druck: Meier + Cie AG Schaffhausen
Buchbinder: Grossbuchbinderei Eibert AG, CH-8733 Eschenbach

ISBN 3-7231-6400-5

Inhalt

"Objektive kreativ nutzen" lief während zweier Jahre als Serie in der Zeitschrift 'PHOTOGRAPHIE'. Sie ist den Lesern noch in bester Erinnerung, viele vermissen sie. Die Anfragen aus Fotografenkreisen und der praktische Nutzen dieser Didaktikserie veranlassten Autoren und Verlag zur Herausgabe des vorliegenden "Lehrbuches". Für das Buch haben die Autoren wesentliche Änderungen und Ergänzungen vorgenommen, vieles wurde aktualisiert. Im wesentlichen folgt das Buch aber der PHOTOGRAPHIE-Serie.

85 mm

Grosser Objektiv-Vergleich

Ein Motiv kann viele Bilder haben. Um das an einem Sujet zu verdeutlichen, wurde die Skyline der Stadt Porto mit der Objektivpalette von 17 mm Brennweite bis 500 mm Brennweite aufgenommen. Es wird deutlich, dass es nicht allein interessant ist, durch den Wechsel der Objektivbrennweiten den Bildwinkel zu weiten oder zu verengen, sondern dass die grosse Chance darin liegt, innerhalb eines Motives viele Gestaltungsmöglichkeiten für neue Photographien zu entdecken.
Dabei verändern sich auch die Schwerpunkte der Gestaltung und des Farb-Designs. Der Reiz der Aufnahme mit dem 85 mm liegt z. B. im mittleren Detail, wobei die grossen Strukturflächen der Dächer im Kontrast zu den kleinteiligen Häusern stehen.

Grosser Objektiv-Vergleich

Dass es möglich ist, vom selben Standpunkt aus durch ständiges Wechseln von Objektiven – beginnend mit den Weitwinkeln über normale Brennweiten bis hin zu Teleobjektiven und extrem langen Brennweiten – schrittweise ein einzelnes Detail aus einem Motiv immer grösser abzubilden, ist einleuchtend.
Jeder, der sich mit Photographie befasst, kennt Objektivvergleiche dieser Art aus Prospekten, Zeitschriften und Fachbüchern. Diese Serien bieten von Bild zu Bild weder in der formalen Gestaltung noch in der Farbgebung, noch im Inhaltlichen des Motives eine Überraschung. Würden nicht durch das Auflösungsvermögen der Filmmaterialien Grenzen gesetzt, wäre der gleiche Effekt auch durch schrittweise Ausschnittsvergrösserungen aus einer einzigen Aufnahme eines Motives (Totale mit einem extremen Weitwinkelobjektiv) möglich.

500 mm

50 mm

50 mm

Ein Objektivvergleich an einem Motiv sollte jedoch vor allem dem Betrachter auch bewusst machen, wie viele sich stark voneinander unterscheidende Bilder sich mittels einer

20 mm

grösseren Objektivpalette aus einer (idealen) Totalen erreichen lassen.
Diese «Ideal-Motive», bei denen man mit fast allen Brennweiten zu guten und/oder interessanten Bildlösungen kommen kann, sind allerdings nicht

85 mm

häufig zu finden. Überblicke auf eine Stadt von einem erhöhten Standpunkt, wie einem

500 mm

135 mm

Berg, einem Turm oder einer Brücke, bieten sich sicherlich am meisten an.

Geht man davon aus, bei jedem Motiv möglichst die optimale Lösung erreichen zu wollen, ist eine Reihe von fünf oder sechs Objektiven (etwa 20 mm, 35 mm, 85 mm, 135 mm, 200 mm oder 20 mm, 28 mm, 50 mm, 85 mm, 135 mm, 200 mm plus

200 mm

Konverter) an sich ein zwingendes Muss.
Denn ebenso, wie man den einzelnen Objektiven oder Objektivgruppen Motivbereiche zuordnen kann, für die sie sich besonders gut eignen, hat umgekehrt natürlich auch jedes Motiv seine Besonderheit, der nur ein bestimmtes Objektiv gerecht wird.
Mehrere Objektive, eventuell zwei Gehäuse, Filmmaterial und diverses Kleinzubehör ergeben zusammen doch ein beträchtliches Gewicht. Nicht selten ergibt sich deswegen die Frage, welche Objektive mitnehmen, welche zu Hause lassen?
Ist man spezialisiert (z. B. auf Tierphotographie in freier Wildbahn) oder arbeitet man gerade an einem speziellen Thema (z. B. Makrostrukturen,

85 mm

Porträts und Porträtschnappschüsse usw.), ist die Wahl der Objektive keine Frage. Ist man jedoch auf freier Photofahrt, wird es kaum möglich sein, schon vorher die wirklich benötigten Brennweiten zu wissen.

50 mm

Das Vorhandensein und die fortschreitende Entwicklung von Wechselobjektiven hat

500 mm

300 mm

nicht nur eine technische, sondern in gleichem Masse auch eine künstlerische Dimension.

Ebenso, wie sich das jeweilige Wechselobjektiv technisch determinieren lässt, ist auch die kreative Einsetzbarkeit und Nutzung eines solchen zu beschreiben. Steht beispielsweise eine Auswahl von verschiedensten Wechselobjektiven, wie im gezeigten Beispiel, zur Verfügung, so lassen sich die verschiedensten Bildaussagen aus ein und demselben Sujet erzielen. Diese Bildaussagen werden zunächst durch die Auffassung der Totale oder des Details grundsätzlich geprägt.
Wird der Standpunkt während der photographischen Aufnahme beibehalten, so hat die Wahl des Wechselobjektivs keinen Einfluss auf die Per-

21 mm

35 mm

spektive und die Abbildungsverhältnisse, wohl aber auf die Abbildungsgrösse.

135 mm

Ändert der Photograph seine Aufnahmeposition, so gestaltet sich gleichzeitig die perspektivische Abbildung abweichend von der jeweils vorherigen Aufnahmeeinstellung. Wird zusätzlich auch die Objektivbrennweite gewechselt, so hat dieses einen unmittelbaren Einfluss auf den Abbildungsmassstab und gleichzeitig auf die Abbildungsverhältnisse. Es eröffnet dem Photographen die Möglichkeit, das vor ihm befindliche Motiv in verschiedensten perspektivischen Darstellungen zu zeigen. Hierbei kommen je nach Intensität Gestaltungsbegriffe wie Froschperspektive, Vogelperspektive, Anschnitt, Ausschnitte usw. zur Anwendung.

200 mm

300 mm

85 mm

500 mm

500 mm

135 mm

Rein inhaltlich bedeutet das natürlich auch, dass die Wechselobjektive Hilfestellung leisten, um gezielt photographische Aussagen zu machen. Das Ergebnis einer Porträtaufnahme, aufgenommen mit einer kurzen Brennweite, lässt sich nicht vergleichen mit

200 mm

17 mm

einer Aufnahme vom gleichen Modell, das mit einer langen Brennweite aufgenommen wurde.

Die Sehvergleiche sind in den Besprechungen der einzelnen Objektivgruppen abzulesen.

So ergibt sich daraus auch, dass in bestimmten photographischen Bereichen, wie z. B. dem Bildjournalismus, Objektive kürzerer Brennweite favorisiert werden. Dagegen werden in

35 mm

135 mm

der Tierphotographie unter Umständen im Gegenteil die langen Brennweiten zur Anwendung gebracht. Auch in der Bildwahrnehmung lässt der Gebrauch von Wechselobjektiven interessante Beobachtungen zu. Während das menschliche Auge durch die Funktionen der sogenannten «Wahrnehmungskonstanzen» permanent optische Sinneseindrücke «korrigiert», erfolgt dieses bei der Abbildung durch photographische Wechselobjektive nicht, so dass dort in der Photographie die unterschiedlichen optischen Abbildungseigenschaften deutlich vor Augen geführt werden. Eine Architektur, die von unseren menschlichen Augen wahrgenommen wird, erscheint uns niemals in einer linearen Perspektive. Wird diese gleiche Architektur uns aber mittels eines photographischen Bildes kurzer Brennweite vor Augen geführt, so werden plötzlich die «stürzenden Linien» sichtbar.

Ein weiterer Aspekt der Wechselobjektive besteht darin,

135 mm

dass, ausgehend von der Normalbrennweite 50 mm, mit einem Bildwinkel, der unserem

500 mm

500 mm

300 mm

Seheindruck entspricht, jede gewünschte Raumwirkung erzielt werden kann. Das kann die Raffung eines Bildmotivs mit einem Teleobjektiv sein, das kann aber ebenso auch die Darstellung von der Weite eines Raumes unter Zuhilfenahme eines Weitwinkelobjektives sein. Wie ja jedes Bild nur ein Teil des Ganzen

500 mm

sein kann, spiegelt auch jedes Objektiv stets nur einen Ausschnitt des «objektiven Sujets» wider. Der Umgang mit den Wechselobjektiven lüftet sicherlich nicht all die Geheimnisse um Realität und Wahrnehmung, trägt aber zu einer spannenden Auseinandersetzung dieser Themen bei.

500 mm

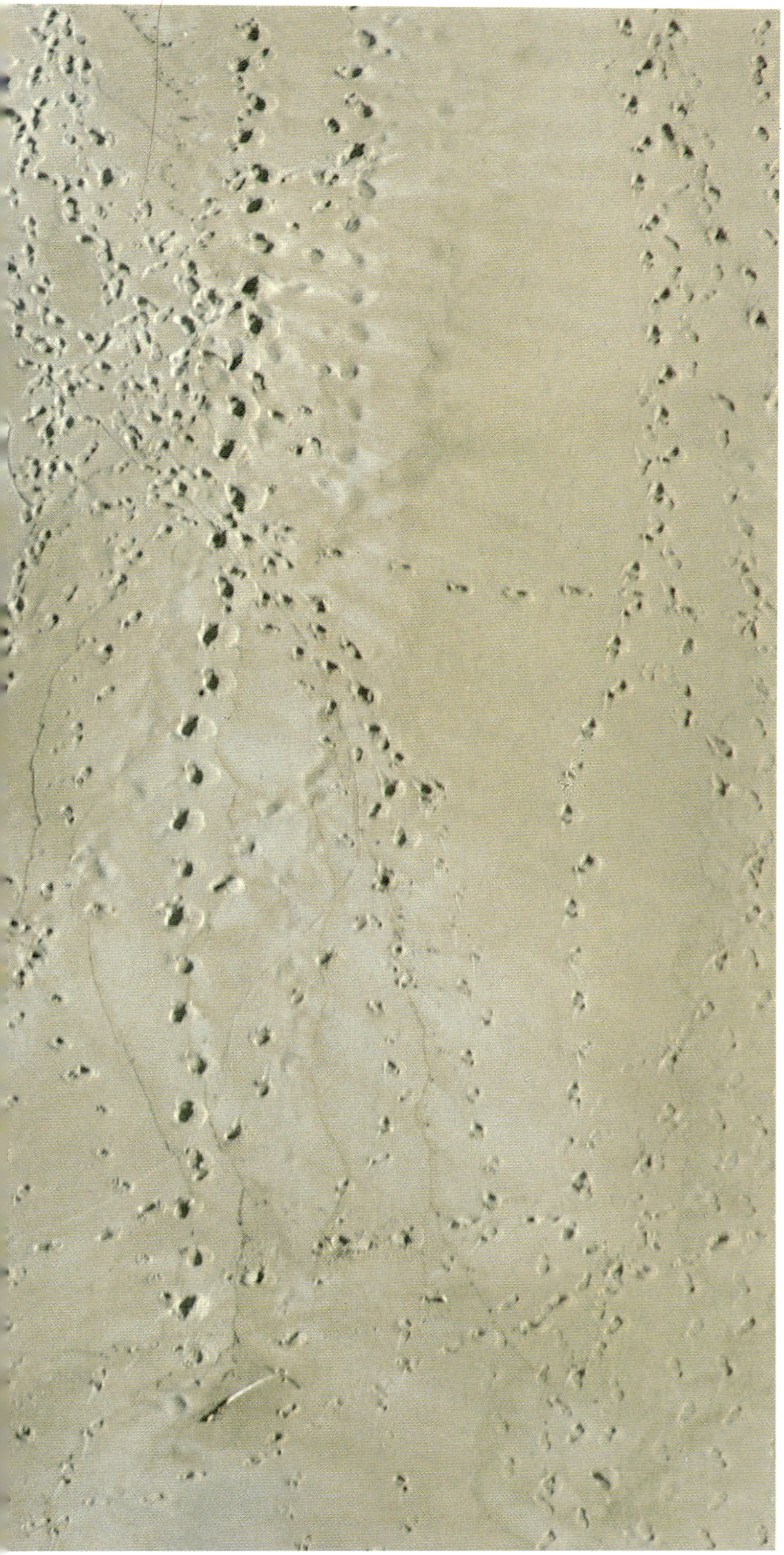

500 mm Spiegelobjektiv

Kleine Objektiv-Vergleiche

Die Schulung des Sehens steht im Vordergrund jeder photographischen Didaktik. Das Entdecken der Details in der Totalen eines Motives und die entsprechende Wahl der richtigen Brennweite sind wichtige Grundlagen der Bildgestaltung.
Gerade ein hoher Standpunkt ist ideal für Detailaufnahmen mit dem Tele- oder Superteleobjektiv. Die optische Erschliessung von Details, die in einer Totalen völlig untergehen, ist hier fast ein Muss! Der enge Ausschnitt mit dem 500 mm vom Sandstrand von Nazarè, mit den Fussspuren im Sand und einer Person, hat den flächenbeherrschenden Punkt als primäres Gestaltungsmittel.

Kleine Objektiv-Vergleiche

Ein interessanter Objektivvergleich beinhaltet nicht nur erstaunliches Sichtbarmachen von Einzelheiten eines Motives, sondern vor allem auch eine gute Schulung des Sehens und Gestaltens in Farbe und Form. Sicherlich gibt es nur wenige Motive, die den Einsatz der gesamten Objektivpalette lohnen, dagegen jedoch eine grosse Menge von Motiven, bei denen man mit zwei, drei oder vier Objektiven interessante und unterschiedliche Bilder erreichen kann.

Solche Arbeitsergebnisse können z. B. die Themenstellung «Totale und Detail» erfüllen. Hierbei kommt es nicht darauf an, alle Brennweiten verwenden zu müssen, sondern mit den jeweils geeignetsten Objektiven die besten Motivausschnitte herauszuholen.

Jede Bildreihe von einem Motiv – ob nun als Objektivvergleich oder als Totale und Detail angelegt – zeigt von Bild zu Bild neben formalen und farblichen Veränderungen natürlich auch Veränderungen der inhaltlichen Aussage dieses Motives. Im Zusammenhang mit einer Übersicht oder Totalen präsentiert, lassen sich die Ausschnitte und Details natürlich in ihrem Inhalt überprüfen und vergleichen. Wird ein Ausschnitt oder ein Detail für sich präsentiert, so ist der Betrachter auf die Auswertung nur dieser ihm angebotenen Information angewiesen.

50 mm

28 mm

35 mm

Jedes Bild, ob nun die (grösste) Totale oder das (kleinste) Detail, kann zwangsläufig nur einen Ausschnitt der – jeweils momentanen – Wirklichkeit zeigen. Jedes, mit normaler Kamera aufgenommene Bild erfährt links, rechts, oben und unten einen Beschnitt der Information – es kann immer nur ein Ausschnitt aus der Wirklichkeit gezeigt werden. Der Wirklichkeit am nahesten kommt sicherlich noch ein 360-Grad-Panorama, obwohl auch dann noch Teile von oben und unten fehlen.)

In der freikünstlerischen Photographie hat dieser Beschnitt der Wirklichkeit natürlich weniger Gewicht als bei der Anwendung der Photographie in den Bereichen Werbung, Reiseprospekte, Reportagen über politisches oder soziales Geschehen usw.

50 mm

35 mm

Dennoch wird weniger Information auch auf einem zweckfreien Photo angeboten, ist die Wirkung des Bildes reduziert auf reine Farb-und Formwerte, wird auch der Kreis der Betrachter kleiner, die das Bild verstehen, denen das Bild noch etwas «sagt».

35 mm

Das Verstehen der «Sprache» eines Bildes ist sowohl abhängig vom Allgemeinwissen des Betrachters (das rationale Erkennen möglichst aller der auf dem Photo abgebildeten Gegenstände in Farbe und Form als auch von den Empfindungen des Betrachters (des

35 mm

emotionalen Reagierens auf das Erkennen der einzelnen Bildelemente).

Dabei kann natürlich immer nur die optische Information des Photographen wirken – Erinnerungen, die der Photograph selbst an ein Photo knüpft (Gerüche, Geräusche, Temperaturen usw. – also das direkte «Erlebt-Haben») bleiben dem Betrachter verschlossen. (Nur die verbale Sprache oder ein hinzugefügter Text können versuchen, diese Empfindungen der visuellen Sprache des Bildes hinzuzufügen.

Ohne Text- oder Sprachzugabe kann der Betrachter – für den Photographen unkontrollierbar – jedem Bild eigenes Erleben zuordnen mit sowohl positiver als auch negativer Tendenz.

85 mm

135 mm

Die Serie von einem Schaufenster einer Metzgerei in England zeigt neben einigen Varianten je ein Bild mit dem grössten und mit dem geringsten Angebot an Information. Während man aus der Totalen des gesamten Schaufensters sogar die Stadt und den Besitzer herausfinden kann, ist bei dem engsten Ausschnitt, der Schweinefigur auf weissem Untergrund, nicht einmal mehr ersichtlich, dass diese Aufnahme im englischsprachigen Raum entstanden ist.

20 mm

135 mm

50 mm

85 mm

85 mm

Die blau-rote Architektur-Serie ist ein weiteres Beispiel zum Thema Totale und Detail. Der Schwerpunkt der Serie liegt dabei eher in der Veränderung im formalen und farblichen Bereich als in unterschiedlichen Inhalten der Bilder.
Je nach Standpunktwahl und nach verwendeten Objektiven entstanden dabei statische oder dynamische Bilder, Bilder mit Betonung einzelner Farben, ausgeglichenen und spannungsreichen Farbkontrasten u.a.
Die Beeinflussung einer Photographie in ihrer endgültigen Gestaltung erfolgt durch eine Anzahl von Faktoren.
Sie sind teils technisch bedingt, werden sehr wohl aber auch durch die gestalterische Arbeit des jeweiligen Photographen geprägt.
Es gibt Aufnahmesituationen, da ist der Standpunkt des Photographen topologisch vorgegeben. (Turm, Berg, Verkehrsinsel usw.) In solchen Fällen erschliessen die Wechselobjektive die Möglichkeit, trotz eingeschränkter Beweglichkeit sich an das Bildmotiv «heranzuarbeiten». Schon der Wechsel eines Objektives von 20–30 mm Brennweite kann die Bildwirkung kolossal verändern.

35 mm

Die gezeigten Bildbeispiele der photographierten Stadt Nazare in Portugal zeigen dies deutlich. Während die Gesamtaufnahme der Stadt mit einem 28-mm-Wechselobjektiv wenig strukturelle Elemente erkennen lässt, treten diese in der Aufnahme mit dem 50-mm-Objektiv und mehr noch in der mit einem 300-mm-Wechselobjektiv photographierten Aufnahme zutage.
So können allein durch das Auswechseln von Objektiven verschiedenster Brennweiten unterschiedlichste Bildkompositionen entstehen.
Während auf dem mit 300 mm Brennweite aufgenommenen Photo die geometrische Aufteilung der architektonischen Struktur vorherrscht, bestimmt bei der anderen Grossaufnahme die Farbe in Verbindung mit Hell-Dunkel-Verteilung und fallender Bilddiagonale die photographische Bildwirkung.
Die sich in einem Gesamtmotiv befindenden Linien und Flächen lassen sich so zu unter-

28 mm

schiedlichsten Bildern zusammenkomponieren. Dieses gilt auch für die Bildgestaltung

50 mm

85 mm

durch Farbe und Form. Wie beispielsweise bei dem Photo der Dame mit rotem Pullover,

135 mm

welche durch den gelblichen Sand schreitet, der seinerseits Linien und Hell-Dunkel-Verteilung durch bereits vorhandene Fussspuren aufweist.

300 mm

Es ist ungemein verblüffend, festzustellen, wieviel Einzelaufnahmen innerhalb eines Gesamtmotivs mit den verschiedenen Brennweiten aufgenommen werden können.
Die Betonung von Weite und Tiefe eines Motivs durch kurzbrennweitige Objektive oder

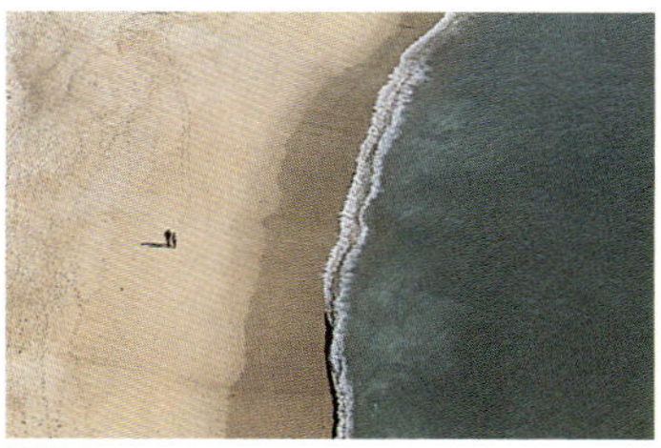

135 mm

300 mm

die explizite Darstellung von Motivausschnitten durch langbrennweitige Teleobjektive.

Natürlich wird auch der dokumentarische Charakter, der jedem Photo innewohnt, durch den Wechsel von Objektivbrennweiten beeinflusst.

135 mm

17 mm

Motiv-Vergleiche

Die Anwendung eines Objektives, gleich welcher Brennweite, beeinflusst die perspektivische Abbildung einer Photographie immer nur in Verbindung mit dem jeweiligen Aufnahmestandort des Photographen. Der Motiv-Vergleich zeigt überraschende Wirkungen, die eine systematische Untersuchung dieser Zusammenhänge zwischen Perspektive, Standort, Dinggrösse und Abbildungsmassstab veranschaulichen.
Dass über die Systematik hinaus alle Motive jedoch auch zahlreiche freie Gestaltungs-Möglichkeiten beinhalten, darf nicht vergessen werden. Das nebenstehende Bild ist eine freikünstlerische Interpretation des Motives der Dorfkirche. Der Vordergrund mit den Schatten der Bäume sowie das Umfeld wurden in die Komposition mit einbezogen.

Motiv-Vergleiche

Die perspektivische Abbildung eines Motivs steht in einem direkten Kausalzusammenhang von Objektivbrennweite und Kamerastandpunkt.

Für den Photographen ergeben sich daraus vielfältige Gestaltungsmöglichkeiten, aber auch Einschränkungen, wenn beispielsweise ein Porträt mit einer zu kurzen Brennweite (unter 50 mm) und einem zu geringen Aufnahmeabstand photographiert wird. Zwei Abhängigkeiten sind an dieser Stelle zu klären:

1. Ändert sich der Aufnahmestandpunkt des Photographen nicht, sondern lediglich die Objektivbrennweite, so wird jeweils nur ein anderer Bildwinkel (Ausschnitt des Motivs) abgebildet.
2. Erfolgt ein gleichzeitiger Wechsel von Kamerastandpunkt und Objektivbrennweite bei gleichbleibender Abbildungsgrösse, so ändern sich sowohl die Perspektive als auch der Abbildungsmassstab.

24 mm

28 mm

35 mm

20 mm

Bei den gezeigten Aufnahmen einer portugiesischen Kirche wurde jeweils die Objektivbrennweite zur nächsthöheren gewechselt. Der Ausschnitt

50 mm

des Motivs Kirche blieb dabei gleich (formatfüllend). Um dieses zu erreichen, wurde der Standpunkt von Aufnahme zu Aufnahme verändert.
Die veränderte perspektivische Darstellung des Motivs in einer Bildebene durch den gleichzeitigen Wechsel der Objektive und des Standortes wird auch in dem zweiten gezeigten Beispiel des alleinstehenden Baumes deutlich. Auch hier wurde gleichbleibende Abbildungsgrösse beabsichtigt.
Dabei ist bei Verwendung längerer Brennweiten, bedingt durch die Verengung des Motivausschnittes, eine scheinbare Raffung des Bildraumes zu beobachten. Während bei der Aufnahme mit dem 20-mm-Objektiv noch eine deutliche Trennung der sich im Hintergrund befindenden Bäume zu beobachten ist, erscheinen dieselben Bäume bei der Aufnahme mit dem Objektiv von

135 mm

200 mm

300 mm Brennweite als auf der gleichen parallelen Bildebene befindlich. Sowohl bei den Aufnahmen der Kirche als auch bei denen des Baumes vergrösserte sich der Abstand vom Hauptmotiv bei zunehmender Brennweitenzahl. Dieses hängt mit der Abbildung der dreidimensionalen «Realität» in die auf zwei Dimensionen reduzierte Fläche der Photographie zusammen.

85 mm

Das Phänomen räumlicher Darstellungsformen beruht auf der Zentral- oder Linearperspektive, worin die sogenannten Fluchtlinien in einem Punkt des Hintergrundes, dem Fluchtpunkt, zusammenlaufen. Dabei nehmen sich die sich im Hintergrund befindenden Gegenstände mit wachsender Entfernung zunehmend kleiner aus.

Das Verhältnis von Körper und Raum kann durch die perspektivische Darstellung innerhalb eines Photos entscheidend beeinflusst werden. Bei kurzem Aufnahmeabstand und gleichzeitigem Einsatz einer kurzen Brennweite dominieren die dargestellten Dinge im Motivvordergrund, wogegen die in der Bildtiefe erscheinenden Sujetteile in rascher Folge an Abbildungsgrösse verlieren.

300 mm

50 mm

Umgekehrt werden bei der Aufnahme mit langbrennweitigen Wechselobjektiven die Grössenverhältnisse innerhalb des Motivs ausgeglichen, so dass sowohl der Vorder- als auch der Hintergrund auf einer Ebene abgebildet erscheinen. Es ist darauf hinzuweisen, dass die kurzbrennweitigen Objektivkonstruktionen schon bei geöffneter Blende eine grössere Schärfentiefenabbildung besitzen als die langbrennweitigen Wechselobjektive.

Bei einer angenommenen Blendeneinstellung von f 5,6 und einer Entfernungseinstellung von 5 Metern erstreckt sich die Schärfentiefe bei einem 17-mm-Objektiv von 1,70 Meter bis Unendlich (∞) und bei einem 300-mm-Objektiv dagegen im vergleichbaren Falle nur von 4,80 Meter bis 5,40 Meter.

28 mm

Auch zeigt ein Motivvergleich deutlich, dass die mathematische Perspektive nicht ausschliesslich durch den Verlauf der Orthogonalen das Bildergebnis bestimmt, sondern auch andere Elemente wie Luft, Farbe oder Bewegung das Ergebnis beeinflussen.

17 mm

Die Luftperspektive bestimmt durch Hell-Dunkel-Verteilung Tiefenwirkung und geometrische Flächenverteilung innerhalb einer Photographie. Einen ebenso grossen Einfluss besitzt die Farbe innerhalb eines Photos. Bestimmte Farben wie z.B. «Rot» treten in den Vordergrund, andere dagegen betonen durch ihr verhaltenes Auftreten den Hintergrund eines Bildes. Auch dadurch entsteht Tiefe, Räumlichkeit und Perspektive.

28 mm

28 mm

17 mm

17 mm

Des weiteren bestimmen auch irreale Linien, wie die einer bestimmten Bewegungsdarstellung von Motivformalia, die Perspektive eines Photos. Die Bewegungsperspektive kann, gezielt eingesetzt, besonders bei langen Aufnahmezeiten, durch ihre Intensität alle mathematischen Orthogonal-Erscheinungen verdrängen; das heisst: Bewegung der Kamera während der Aufnahme oder Bewegungen innerhalb des Bildmotivs erzeugen Linien, die ihrerseits durch ihre Gewichtigkeit die perspektivischen Fluchtlinien überlagern. Eine gegen diese Phänomene sich fast schon normal ausnehmende Beeinflussung der Perspektive ist die der gezielten Linienführung, wo durch Betonung extrem verlaufender Orthogonalen (z.B. stark fallende oder steigende Bilddiagonalen) Bildwirkung und Perspektive gelenkt werden.

Die Verwendung von verschiedenen Wechselobjektiven zeigt innerhalb von Motiv-

85 mm

24 mm

28 mm

50 mm

Vergleichen auch die Chance auf, die von Susan Sonntag so bezeichnete «Bauchnabelperspektive» (sie meint Photographien ohne Berücksichtigung von Vogel- oder Froschperspektive), also Aufnahmen aus dem Stand heraus, zu verlassen und andere Aufnahmepositionen einzunehmen.

Dies ist in den Bildbeispielen der freien Anwendung von Wechselobjektiven (Kirche in Süd-Portugal) abzulesen. Es erfolgt eine Annäherung an das Motiv, indem Ausschnitte gewählt werden, die in ihrer Begrenztheit eine neue, von

20 mm

135 mm

300 mm

Durch die Vergleichbarkeit von verschiedensten Aufnahmen ein und desselben Motives ergibt sich ein interessantes Annähern an das gewählte Sujet, darüber hinaus aber auch ein besseres Verständnis um das Phänomen Photographie.

der tatsächlichen Gesamtwahrnehmung abweichende Aussage über das Motiv machen. Der Ausschnitt aus dem Kirchturm beispielsweise oder die als kleiner Tümpel erscheinende Wasserpfütze vor der Kirche oder die Abbildung der Baumschatten auf dem Vorplatz der Kirche beschneiden zunächst die Gesamtwiedergabe des Motivs, bringen letztlich ein Mehr an Aussage. Dass diese in einem neuen Gesamtzusammenhang stehenden Einzelbildaussagen subjektiv durch den Photographen bestimmt werden, bleibt unbestritten. Aber darin liegt ja gerade der Reiz, verschiedene Objektivbrennweiten unter unterschiedlichsten Gesichtspunkten formaler und inhaltlicher Art einzusetzen.

200 mm

85 mm

Porträt und Menschenbild

Das ideale Porträt ist immer auch so gut wie die richtige Anwendung der entsprechenden Objektivbrennweite. Entscheidend ist, dass die Porträtphotos eine eigene Sprache visualisieren. Wenn es gelingt, mit Hilfe der zur Verfügung stehenden Objektivpalette eine dem eigenen Empfinden entsprechende Darstellung des Modells zu erzielen, die auch das Interesse des Betrachters erweckt, so kann man mit dem Bildergebnis schon ganz zufrieden sein.
Unter Einsatz von Wechselobjektiven der Brennweiten 75 bis 200 mm wird die unterschiedliche Wirkungsweise des jeweiligen Objektives bei gleichbleibender Abbildungsgrösse eines Porträtmodells veranschaulicht.
Im Gegensatz dazu verschiedene Aspekte des photographischen Menschenbildes, bis hin zu experimentellen Bildlösungen im Porträtbereich.
Bei dem Beispiel der Doppelseite betont der grossflächige Hintergrund die Umrisse des Jungen aus der Karibik. Das Purpurrot des Eises bildet den farbigen Kontrapunkt der Komposition.

Porträt und Menschenbild

Die verschiedenen Möglichkeiten der Darstellungsweisen des menschlichen Erscheinungsbildes sind zahllos. Sie werden an dieser Stelle ein wenig mehr beleuchtet und beschrieben.
In Anlehnung an diese kreative Nutzung der Wechselobjektive, vom extremen Superweitwinkel bis hin zum Objektiv langer Brennweite, werden verschiedene Aspekte des Menschenbildes innerhalb der Photographie aufgezeigt.
Neben der klassischen Porträtphotographie, die ihrerseits dazu diente, individuelle Merkmale des Menschen abzubilden, hat sich inzwischen im journalistischen und freien Bereich der Photographie eine neue Stilistik von Bildnissen des Menschen aufgetan. Dieser Stil ist weder weniger charakteristisch in der Darstellung menschlicher Attribute, noch verwischt er die Individualität des einzelnen total, wenngleich er auch das Verständnis um die Einzigartigkeit jedes Menschen innerhalb der Photographie einem Wandel unterzog.

Zunächst wird innerhalb der Bildbeispiele unter Einsatz von Wechselobjektiven der Brennweiten 17 mm bis 200 mm die unterschiedliche Wirkungsweise des einzelnen Objektives auf die Abbildung des Porträtmodells veranschaulicht.
Der Motivvergleich des Porträts gestaltete sich so, dass jeweils beim Wechseln des Objektivs ein entsprechender

28 mm

50 mm

17 mm

Standpunkt bezogen wurde, der eine nahezu gleichbleibende Abbildungsgrösse garantierte.

Was sich zwischen den jeweiligen Porträtaufnahmen verändert, sind bekanntermassen der Abbildungsmassstab und die Perspektive. Kurze Brennweiten etwa von 7,5 mm bis 35 mm und auch das sogenannte Normalobjektiv von 50 mm verzerren das photographische Porträt.

85 mm

135 mm

200 mm

Das hängt mit der Konstruktion der Weitwinkelobjektive insofern zusammen, als sie bei formatfüllender Abbildung des Kopfes ein für Porträtaufnahmen zu nahes Herangehen an das Modell ermöglichen.

Die Proportionen des menschlichen Antlitzes werden total verschoben. Die in kürzerer Distanz zum Objektiv befindlichen Sujetbereiche, wie die Nase und die dazugehörige vordere Gesichtspartie, werden bei Objektiven kurzer Brennweite unverhältnismässig gross zu den dahinterliegenden Gesichtsteilen wiedergegeben.

Erst beim Wechselobjektiv von 85 mm Brennweite sind die optischen Gesetzmässigkeiten erreicht, die eine Porträtaufnahme mit der natürlichen Wiedergabe der Gesichtsproportionen und der Physiognomie erfordert. Bei diesem Objektiv werden diese Voraussetzungen sogar rein physikalisch auf ideale Weise erfüllt, was dem 85-mm-Wechselobjektiv auch den Beinamen «Porträtobjektiv» eingetragen hat.

200 mm

Die photographische Abbildung des Modells entspricht in diesem Falle am ehesten der Art und Weise menschlicher Rezeptionsfähigkeit bei der Wahrnehmung der eigenen Spezies, wobei durch diese Brennweite von 85 mm auch die Brücke geschlagen wird zwischen zweidimensionaler Abbildung und der dahinterliegenden Illusionierung der Darstellung von Dreidimensionalität des menschlichen Gesichtes durch die Photographie.
Davon ausgehend, werden Porträtaufnahmen, die mit Objektiven einer darüberliegenden Brennweitenzahl etwa von 100–500 mm aufgenommen werden, in ihrer Abbildung auch zunehmend flacher erscheinen.

85 mm soft

17 mm

Die Proportionen des Gesichtes werden in ihrer Tief scheinbar zusammengedrängt. Die Nachahmung des menschlichen Auges, in Form des Glaskörpers Objektiv, illusioniert eine flache, scheinbar auf einer Ebene sich befindende Gesichtslandschaft, die sehr leicht eine liebliche oder aber schmeichelnde Charakteristik erfährt.
Die verschiedenen Wechselobjektive finden nun in etwa auch nach diesen umrissenen Gesetzmässigkeiten in den verschiedenen Bereichen der Photographie ihre Verwendung.
So werden zur Erstellung journalistischer oder exaltierter Porträts gerne Objektive kürzerer Brennweite von 20 bis 35 mm eingesetzt. Die Über-

28 mm

28 mm

zeichnung der Individualität und die damit verbundene Herausarbeitung charakteristischer Gesichtszüge verleiht dem Bildnis unter Umständen politische, wirtschaftliche oder aber gesellschaftliche Relevanz.

Ganz im Gegensatz dazu setzen Werbephotographen beispielsweise innerhalb der Modephotographie fast ausschliesslich Objektive längerer Brennweiten ein, um die eher etwas schmeichelhafte Physiognomie und Proportion des Modells, unterstützt durch Make-up und Retusche, wiederzugeben.

Für den Benutzer der Wechselobjektive auf privater Basis bedeutet dies, da er ja in seiner photographischen Bewegungsfreiheit nicht durch Aufträge und dergleichen eingeschränkt ist, dass er sein Betätigungsfeld sowohl mit der kurzen als auch mit der langen Brennweite beschreiten sollte, um für ihn das optimale Porträtergebnis zu erlangen.

28 mm

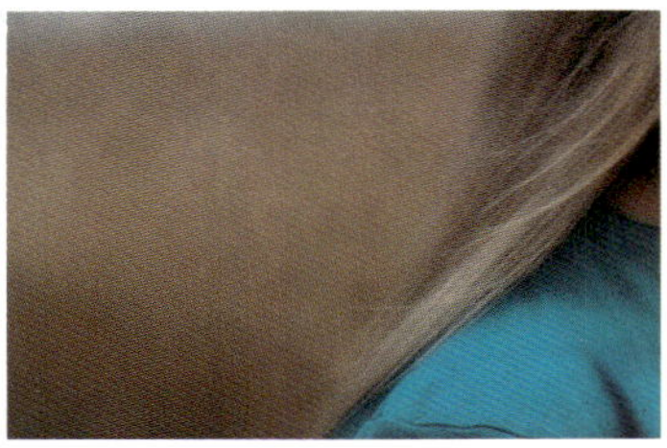

135 mm

Nun lassen sich, wie bereits erwähnt, auch andere Wege beschreiten, die zu interessanten Photographien führen.

Nicht zwingend muss, um sich einem Porträtmodell zu nähern und um gute Bildergebnisse zu erzielen, das Gesicht in seiner Gesamtheit gezeigt werden. Denkbar und vielfach realisiert ist die Darstellung einzelner Gesichtspartien, der Augen, des Mundes, der Ohren, der Haare, die sehr wohl eine Aussage über das Individuum machen, wenn auch nur partiell.

28 mm

28 mm

Die Bildbeispiele zeigen, auf welche Weise die einzelnen Wechselobjektive verschiedenster Brennweiten dazu dienlich sind:

A) Kurzbrennweitige Objektive, die in ihrer kurzen Distanz grosse Partien des Körpers zeigen, gleichzeitig aber einen Hinweis auf das Eingebettetsein dessen in das jeweilige Umfeld erlauben.

B) Dagegen isolieren langbrennweitige Wechselobjektive einzelne Sujetteile, lassen die Möglichkeit offen, eng umrissen Körperteile photographisch darzustellen, sie ihrer ursprünglichen Wirkung zu berauben, um sie in einen neuen Gesamtzusammenhang zu setzen.

Diese Form des Einsatzes optischer Geräte entwickelt einen Stil, der dem Rezipienten von photographischen Bildern die Chance eigener Interpretation schafft und sehr eingrenzt.

Durch Anschnitte von Motivteilen, durch Ausschnitte aus dem Gesamterscheinungsbild des Menschen, wird der Betrachter fähig, nicht nur Vorgefertigtes, Abgeschlossenes

24 mm

zu verarbeiten, sondern er setzt den Teilen des Bildes et-

50 mm

was hinzu, vervollständigt es, ohne dabei stark in seiner Phantasie eingeschränkt zu sein. Die Bildlösungen lassen vieles offen, hinsichtlich gewohnter Sehweisen sicherlich zu offen. Aber sie öffnen gleichzeitig das Feld des experimentellen Bereichs, und das ist nach wie vor eines der wichtigsten Elemente gerade des Mediums Photographie.

28 mm

Steht anfangs ein nicht vollständiger Brennweitenbereich zur Verfügung, so ist zu empfehlen, zunächst mit einer mittleren Brennweite wie dem 85-mm-(Porträt-Objektiv) oder auch dem 135-mm-Objektiv zu beginnen. Diese garantieren die optimale Entfernung vom Modell, ohne dass störende Verzeichnungen des Kopfes auftreten. Danach können Objektive aus dem Weitwinkelbereich, z.B. ein 28-mm-Objektiv, benutzt werden, um das Feld der experimentellen Porträtgestaltung in Angriff zu nehmen.

Entscheidend ist letztendlich, dass die Porträtphotos eine eigene Sprache visualisieren. Wenn es gelingt, mit Hilfe der zur Verfügung stehenden Objektivpalette eine dem eigenen Empfinden entsprechende Darstellung des Modells zu erzielen, die auch das Interesse des Betrachters erweckt, so kann man mit dem Bildergebnis schon zufrieden sein.

17 mm

35 mm

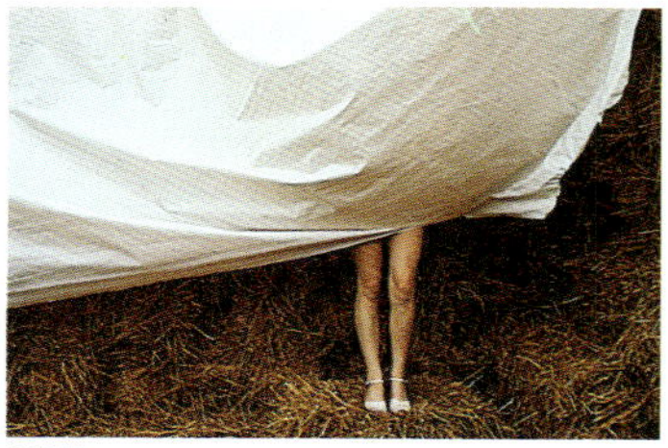
135 mm

28 mm

135 mm

Schärfentiefe und Bewegung

Der erste Kontakt mit einem unscharfen Bild kommt meist durch Unkenntnis der photographischen Technik zustande. Die Bildbeispiele sollen zeigen, wie diese vermeintlichen Fehler sich in kreative Bahnen lenken lassen, um sie in die Bildgestaltung einzubeziehen.
Grössere Entfernungen zum Motiv und schlechte Lichtverhältnisse lassen häufig nur eine experimentelle Bildlösung zu – so entstand auch das Bild der Frau mit dem roten Schirm vor dem Blau einiger Strandhäuser. Das 135-mm-Objektiv wurde bei offener Blende und $^1/_{15}$ Sekunde Belichtungszeit mit der Bewegung der Frau mitgezogen und die Kamera dabei ausgelöst.

Schärfentiefe und Bewegung

Wer hat sich nicht schon mal geärgert, dass gerade die Aufnahme, von der man sich so viel versprochen hatte, nichts geworden ist, weil sie unscharf oder verwackelt war. Entweder entsprach die Belichtungszeit in ihrer Länge nicht der schnellen Bewegung des Motivs, weil's einfach zu dunkel war – das Bild wurde verwackelt. Oder aber die Metereinstellung am Objektiv stimmte einfach nicht mit der tatsächlichen Entfernung zum Motiv überein – das Bildergebnis wurde unscharf.
Diese Bilder mit den vermeintlichen Aufnahmefehlern brauchen aber nicht unbedingt sofort aus der Filmrücksendung in den Papierkorb zu wandern.
Aus Fehlern kann man lernen..., und in diesem Falle, wo es um bewusste Erzeugung von Unschärfe im Foto geht, kann man diese auch gezielt einsetzen.
«Das Photo ist gestochen scharf» ist eine Aussage, die darauf abzielt, eine Photographie so zu beschreiben, dass eine exakte punktuelle Wiedergabe des Motivs erfolgte. Die grosse Anzahl aller photo-

200 mm

200 mm

200 mm

200 mm

135 mm

135 mm

graphischen Motive besitzt eine gewisse Tiefenausdehnung. Ein Objektiv kann als ein optisches System nur Punkte innerhalb dieses sogenannten Motiv- oder auch Dingraumes punktförmig scharf abbilden, die genau in der Einstellebene liegen. Was sich theoretisch so schwierig anhört, bedeutet nichts anderes, als dass beim praktischen Umgang mit der Kamera nur das gestochen scharf wiedergegeben wird, was man per Metereinstellung der Entfernungsskala vorgegeben hat. Unter der Voraussetzung, dass man das Objektiv an der Kamera nicht abblendet, kann man als Photograph davon ausgehen, dass exakt nur die eingestellte Distanz zum Objektiv scharf abgebildet wird. Blendet man nun das Objektiv, ausgehend von der vollen Ausnutzung der

85 mm

85 mm

Lichtstärke, stufenweise ab, so gilt die Faustregel: Die Schär-

200 mm

fentiefe nimmt zu einem Drittel vor und zu zwei Dritteln nach der entsprechenden Entfernungseinstellung an Ausdehnung zu. Die sich in diesem Bereich bildenden sogenannten Zerstreuungskreise erkennt das menschliche Auge erst ab einer bestimmten Grösse als Abweichung von der punktförmigen Abbildung an. Die Schärfentiefeskala am Objektiv der Kamera zeigt diese Ausdehnung der Schärfentiefe in exakten Meterangaben.
Was eben so manchmal unabsichtlich passiert und so zum Ärgernis wird, wenn man das unscharfe oder verwakkelte Photo in Händen hält, kann auch durchaus in Bahnen gelenkt werden, deren Verfolgung dann einen riesigen Photospass bereitet.
Bei den Aufnahmen der Spektralringe auf den grossen Abbildungen handelt es sich um eine solche Vorgehensweise.
Bei dem linken Photo wurde zunächst bei offener Blende des Objektivs (4,5/200 mm) die Schärfe auf den vorderen, orangefarbenen Ring eingestellt, während beim rechten Bild, unter ebenfalls aufgeblendetem Objektiv, auf den letzten, hinteren Ring eingestellt wurde.
Eine weitere Systematik, die in diesem kreativen Bereich der Gestaltung durch Schärfe/Unschärfe anwendbar ist, zeigen die kleinen Bilder der Spektralringe auf Seite 44 oben.

20 mm

50 mm

Hier wurde die Schärfe bei kleinster Blendeneinstellung (22) zunächst auf den vorderen Ring, dann auf den mittleren und schliesslich auf den letzten Spektralring eingestellt. So erreicht die jetzt ablesbare Schärfenausdehnung jeweils einen Bereich, der sich zu einem Drittel vor der Schärfeneinstellung und zu zwei Dritteln nach der Schärfenmarkierung ausdehnt.
Die grundlegende und einfachste Möglichkeit, Unschärfe zu erzeugen, ist die, eine Entfernungseinstellung durch Meterzahl oder Symbol am Objektiv vorzunehmen, welche nicht mit der tatsächlichen Distanz zum anvisierten Motiv übereinstimmt. Was passiert nun mit der Schärfenabbildung? Das lässt sich

17 mm

ganz einfach dadurch veranschaulichen: Schaut man, ohne dieses Buch jetzt aus der Hand zu legen, mal über den Buchrand hinweg auf einen entfernteren Punkt, so sieht man nur diesen Blickpunkt scharf abgebildet und sollte nun, ohne die Augenstellung nochmals zu verändern, versuchen, sich mal auf den Rand des vor einem befindlichen Buches zu konzentrieren. Dieses Buch erscheint dann unscharf im unteren Gesichtsfeld. Erst in dem Moment, in dem die Augen wieder bewegt und auf den Text bzw. die Bilder gerichtet werden, sieht man dieses wieder scharf.
Gleichzeitig fällt der vorher fixierte Blick in den Unschärfenbereich zurück. Sowohl bei den Bildbeispielen der Brunnenanlage als auch bei dem Bildpaar der Strandszene wurde photographisch so vorgegangen, dass jeweils bei geöffneter Blende die Schärfe zunächst auf den Vordergrund und in der zweiten Aufnahme auf den Hintergrund eingestellt wurde.
Eine weitere Möglichkeit der einfachen Erzeugung von Unschärfe lässt sich auch mittels der eigenen Seherfahrung nachvollziehen. Verändert man die Blickrichtung blitzartig und bewegt man dabei möglicherweise auch noch den Kopf, so wird man auch dabei feststellen, dass, wenn man sich darauf konzentriert, man ein unscharfes Bild wahrnimmt. Fixiert man allerdings bei diesem Vorgang einen bestimmten Punkt, so behält man diesen im Schärfenbereich, und nur der Hintergrund verliert sich in der Unschärfe.

100 mm

100 mm

100 mm

20 mm

Nicht anders verhält es sich auch beim photographischen Prozess, zumindest, was die optischen Gesetzmässigkeiten anbelangt. Was in der Photographie die Funktion der Netzhaut unseres Auges übernimmt, ist als Filmmaterial allerdings mit einigen zu unterscheidenden Merkmalen ausgewiesen. Das photographische, lichtempfindliche Filmmaterial ist manchmal sehr träge, auch nicht selten flink, aber immer nachtragend. Gemeint ist damit, dass Filmmaterial Lichtspuren gleich welcher Intensität sozusagen sammelt und auf dem Film summiert. Dieser Umstand lässt sich auch zur absichtlichen Erzeugung von Unschärfen einplanen.

Der erste Kontakt mit einem unscharfen oder verwackelten Bild kommt meist durch Unkenntnis der photographischen Technik zustande. Um einen grossen Schärfentiefebereich zu erhalten, muss man das Objektiv eben entsprechend stark abblenden oder aber bei langen Belichtungszeiten nicht mehr aus der Hand photographieren, sondern ein Stativ benutzen. Was nun passiert, wenn die Kamera während der Aufnahme bewegt wird, lässt sich an den Bildbeispielen der blauen Architektur deutlich ablesen. Die Kamera wurde sowohl in der Horizontalen als auch in der Vertikalen während der Aufnahme bewegt. Die Trilogie

28 mm

28 mm

der roten Hochbahn entstand durch die Wahl einer kleinen

28 mm

Objektivblende und der sich daraus ergebenden langen

24 mm

Belichtungszeit. Sinnvoll ist es, die verschiedenen Möglichkeiten der Einstellmöglichkeiten aufzulisten:
1. Einstellunschärfen bei voller Ausnutzung der Objektivlichtstärke (offene Blende): a) Vordergrundunschärfe, b) Hintergrundunschärfe, c) totale Unschärfe.
2. Unschärfe durch Bewegung der Kamera während langer Belichtungszeiten: a) waagrechte Bewegung der Kamera, b) senkrechte Bewegung der Kamera, c) diagonale Bewegung der Kamera, d) freie Bewegung der Kamera.
3. Belichtung während der Veränderung der Brennweite bei Zoomobjektiven (auch «Zoomen» genannt): a)

135 mm

Pseudo-Zoom: Veränderung der Schärfeneinstellung bei langen Objektivbrennweiten nach der ersten Aufnahme, b) Doppelbelichtung nach Brennweitenveränderung.
4. Unschärfe durch Motivbewegung: a) Bewegung in Richtung Kamera, b) Bewegung entgegengesetzt zur Kamera, c) Bewegungsabläufe an der Kamera vorbei.

135 mm

5. Erzeugung von Unschärfe durch gleichzeitige Bewegung von Motiv und Kamera.

135 mm

24 mm

17 mm

Weitwinkel

17–24 mm

Die Weitwinkelobjektive haben unsere Sehweise verändert. Die Möglichkeit, eine kurze Distanz zum Motiv einzunehmen oder auch gerade die Weite eines Motives auszunutzen, zeichnet diese Objektive besonders aus. Dabei sind aufgrund des grossen Bildwinkels die Bildergebnisse im Vergleich völlig unterschiedlich. Im Nahbereich eine Überbetonung der sich im Vordergrund befindenden Linien, in der Ferne eine extreme Konvergenz. Was wir mit unseren Augen zwar auch visuell wahrnehmen können, wird mit der optischen Konstruktion dieser Objektive eben auch photographierbar gemacht. Die Überbetonung des Vordergrundes und das Zusammenlaufen der Linien im Hintergrund werden bei dem Bildbeispiel der Strandszene in Spanien deutlich.

17–24 mm

Die gesamte Palette des Weitwinkelangebotes bietet eine Vielzahl von Anwendungsmöglichkeiten, auf die

17 mm

innerhalb der verschiedenen photographischen Bereiche im einzelnen eingegangen werden wird. Das besondere Merkmal eines Objektivs kurzer Brennweite ist der grosse, von der Sehweise und der damit verbundenen Wahrnehmung des menschlichen Auges stark abweichende Bildwinkel von 84–103 Grad.

Die sich daraus gleichzeitig

20 mm

ergebenden perspektivischen Verzeichnungen, Abbildungseigenschaften und Gestaltungsmöglichkeiten im Weitwinkelbereich lassen eine Vielzahl von kreativen Bildideen offen.

Das Superweitwinkel-Objektiv erweist sich als ideale Brennweite, wenn gefordert wird, mit der Kamera in engen Räumlichkeiten operieren zu müssen, oder aber, wenn im bildjournalistischen Bereich der Kontakt zum Geschehen unmittelbar ist und trotzdem ein möglichst grosser Motivausschnitt (grosser Bildwinkel) visualisiert werden soll. Die Schärfentiefe ist bei Superweitwinkeln wesentlich grösser als bei den längeren Brennweiten. Dieses gilt insbesondere dann, wenn das Objektiv während der Aufnahme abgeblendet wird.

Es gelingt daher, Motivteile im Vordergrund mit denen im Hintergrund (Horizont unendlich) gleichzeitig scharf abzubilden.

20 mm

20 mm

In der Landschafts- und Architekturphotographie werden die Superweitwinkel zur Illusionierung von Tiefe und Weite gern angewendet.
Extreme Weitwinkel ermöglichen extreme Aufnahmestandpunkte. Hierbei entstehen oft von unseren Sehgewohnheiten abweichende Motivdarstellungen.
Um die spezifischen Eigenschaften, den «Charakter», eines bestimmten Objektivs kennenlernen zu können, empfiehlt sich eine intensive und aktive Auseinandersetzung – z. B. ein «Photowochenende», eine kleine «Photoreise» unter Mitnahme ausschliesslich dieses einen Objektives.
Noch besser ist es natürlich, eine Reise mit zwei Objektiven der gleichen Gruppe zu machen, z. B. ein 17-mm- und ein 24-mm-Weitwinkel mitzunehmen. Hierbei würde das 24-mm sicherlich sehr bald die

17 mm

Stellung einer «längeren Brennweite» einnehmen – der Bildwinkel beträgt immerhin «nur» 84 Grad, gegenüber den 103 Grad des 17-mm-Superweitwinkels.
Den meisten mit einem 17 mm, 20 mm oder 24 mm aufgenommenen Motiven ist anzusehen, dass sie mit einem extremen Weitwinkel photographiert wurden. Die wenigen Ausnahmen sind vor allem zweidimensionale Motive, wie flache Wände, Fassaden, Fenster, Türen u. a. Wichtig ist hierbei, dass die Kamera dabei absolut in der Waage gehalten wird, d. h. weder horizontal noch vertikal gekippt wird.
Bei solch exakter Kamerahaltung lassen sich auch bei dreidimensionalen Motiven weitgehend verzeichnungsfreie Bilder erreichen. (Wie etwa das Bild der Personen vor dem schiefen Turm von Pisa.)

17 mm

Die perspektivische Verzeichnung (stürzende Linien) bei gekippten Weitwinkelaufnahmen wirkt meist nur dann störend, wenn sie – meist unbeabsichtigt entstanden – relativ gering ist.
Durch stärkeres Kippen der Kamera überbetonte perspektivische Verzeichnung hat sich – vor allem bei Architekturen u. ä. – als stilistisches Mittel der subjektiven Bildauffassung inzwischen durchgesetzt. Bildbeispiele von Untersichten, einem mehr oder weniger betonten «Blick nach oben», sind der Blick in die Palmenwipfel, der Dom von Florenz mit dem davor posierenden Mann mit rotem Hut und die rote Kirche mit der Kindergruppe.

Mit dem 17 mm lassen sich selbst von normaler Augenhöhe Bilder mit der Wirkung «Blick nach unten» erreichen.

17 mm

Formanschnitte und Verwischungen durch Langzeitbelichtungen lassen das Motiv «Belebtes Pflaster» in die Gruppe der Experimente einordnen.
Als besonders geeignete Weitwinkelmotive sind die Meeres- und Flusslandschaften zu betrachten. Meist kann man an «fliehenden Wolken» oder an der starken Betonung

17 mm

des Vordergrundes die Verwendung eines Superweitwinkels erkennen.

17 mm

Bei idealen Lichtverhältnissen und der Möglichkeit, stärker abzublenden, wird man fast immer volle Schärfe über Vor-

20 mm

der-, Mittel- und Hintergrund erreichen – wie z.B. bei den Bildern der Boote im Meer oder beim jungen Mönch vor der Dagoba.
Bei geringem Licht und notwendiger offener Blende wird dagegen, bei Scharfeinstellung auf einen Vordergrund, der Hintergrund Unschärfen aufweisen (hierzu das Bildbeispiel der Sonnenblumen mit

24 mm

den Pinien im Hintergrund). Ideal lassen sich Weitwinkel auch im Motivbereich «Spiegelungen» einsetzen. Meist relativ kleine Schaufenster lassen sich dabei formatfüllend erfassen, wobei sowohl die Schaufensterauslagen als

24 mm

auch ein grösserer Spiegelungsbereich des Umfeldes in der Scheibe erfasst werden können. Dabei sollten die Weitwinkel, soweit es die Lichtverhältnisse erlauben, abgeblendet werden, um durch völlige Schärfe beider Bereiche den surrealen Eindruck zu verstärken.
Zusammenfassend ist zu sagen, dass Aufnahmen mit Weitwinkelobjektiven der Gruppe 17–24 mm durch die Überbetonung der Perspektive und der Gross-Klein-Verhältnisse meist eine sehr dynamische Bildwirkung ergeben.

24 mm

17–24 mm

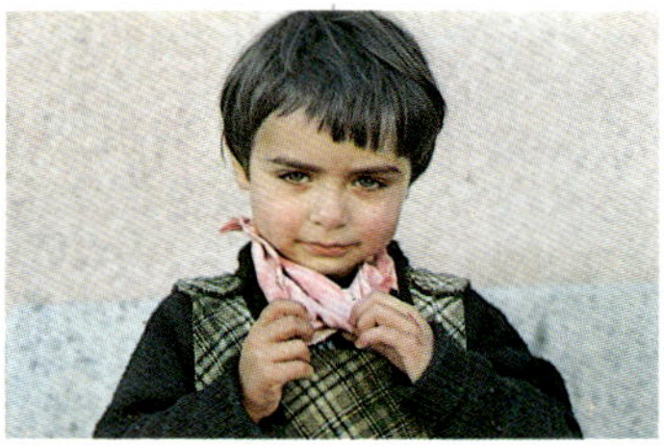

Porträt/Halbfigur

Figur/Gruppe

Landschaft

Pflanzen

Ausgehend von den Vorgaben innerhalb der Porträtphotographie, wo in der Regel die Abbildung der Person formatfüllend ohne optische Verzeichnung erfolgen sollte, finden die extremen Weitwinkelobjektive hier keine Anwendung.
Das gilt sowohl für die sogenannten Brustbilder als auch für die Halbfigur-Abbildungen. Die Aufnahme eines Porträts mit einer derart kurzen Brennweite gibt unlösbare Probleme im Bereich der Gestaltung des Umfeldes auf, da das Grössenverhältnis zwischen der Figur und dem Hintergrund optisch kaum fassbar ist. Die negative Beeinflussung von Individualität und Physiognomie des Porträtmodells wären die Folgen.

++

Diese Objektivgruppe (17 bis 24 mm), die einen Ausschnitt von 85–100 Grad Bildwinkel des Sujets erfasst, ist im Bereich der Figur- und Gruppenaufnahmen bedingt einsetzbar.
Handelt es sich bei dem Motiv um eine grössere Gruppe, sind die Objektive des Superweitwinkelbereiches gut anzuwenden, weil bei genügendem Abstand vom Motiv nicht die Gefahr besteht, dass Personen, die sich in den Randzonen des späteren Bildes befinden, verzeichnet abgebildet werden.
Gleichzeitig können in diesem Fall die «Regieanweisungen» aus kurzer Distanz erfolgen.
Wichtig ist es, darauf zu achten, dass eine mit diesen Objektiven bestückte Kamera während der Aufnahme nicht «gekippt» wird, da sonst die sich am Bildrand befindenden Personen schräg zu stehen scheinen.

+++

In der Landschaftsphotographie findet die Objektivgruppe der extremen Weitwinkel vielfache Anwendung. Offene Landschaften ohne störende Objekte im Vorder- oder Mittelgrund verlangen geradezu den Gebrauch eines Weitwinkelobjektivs kurzer Brennweite. Es soll in der Lage sein, die Weite eines Sujets zu illusionieren, um so die Bildwirkung noch zu steigern.
Entscheidend ist auch, auf die Möglichkeit hinzuweisen, den Horizont innerhalb des Suchers sehr tief oder aber sehr hoch anzusetzen. Bei Betonung des Vordergrundes können sehr dramatische Landschaftsstimmungen durch Benutzung der Weitwinkelbrennweiten erzielt werden.
Mit diesen Objektiven sind vielfältige Gestaltungslösungen eines Landschaftsbildes möglich, vom expressiven bis hin zum subtilen feingegliederten Photo.

++

In diesem Bereich der Photographie sind die Aufnahmemöglichkeiten nahezu ideal, was grossflächige Abbildungen von Pflanzenwuchs anbelangt. Das können Wiesen, Felder, Wälder, bewachsene Seen oder Mauerwände sein. Im Nahbereich dagegen ist das kurzbrennweitige Objektiv nur in beschränktem Umfang zu benutzen, da die Charakteristik eines Pflanzenwuchses sehr leicht entstellt werden kann.
Ausserdem ist auch hier die Gestaltung des Bildes bei dem Auseinanderklaffen der Grössen zwischen unter Umständen sehr kleinen Pflanzen und dem grossen Umfeld kaum möglich.
Gelingt es, durch einen niedrigen Kamerastandpunkt Pflanzen z. B. gegen den Himmel freizustellen (Untersicht), können durch perspektivische Verzeichnungen bewusst expressive Bildwirkungen erzielt werden.

Tiere

Architektur

Stilleben

Experiment

+

Um ein wirklich gutes Tierphoto zu «schiessen», dieser Ausdruck sei in diesem Falle erlaubt, bedarf es des Fingerspitzengefühls, der Kenntnis des spezifischen Tierverhaltens und nicht zuletzt grosser Geduld. Unbeobachtet zu bleiben und aus grösserer Entfernung operieren zu müssen, ist nicht selten oberstes Gebot.
Dass dabei die kurzbrennweitigen Objektive nur selten in Aktion gebracht werden können, ergibt sich eigentlich schon von selbst. Gerade in der Tierphotographie sind immer wieder Abbildungen zu finden, bei denen auf die besondere dreidimensionale Ausdehnung eines Tierkörpers auf Grund der Objektivwahl keine Rücksicht genommen wurde. Es ergeben sich unvorteilhafte Verformungen und Verzeichnungen der Tierkörper. Handelt es sich bei dem Motiv z.B. um eine in eine Landschaft integrierte Tierherde, kann auch ein extremes Weitwinkel-Objektiv eingesetzt werden.

++

Architekturphotographie unterliegt in seiner Auffassung visuell gesehen einem stetigen Wandel. Wie kaum ein anderer photographischer Bereich ist Architekturphotographie historisch unter verschiedenen ästhetischen Gesichtspunkten beurteilt worden.
Die Aufnahme einer Architektur mit einem Objektiv kurzer Brennweite und die sich zwangsläufig ergebenden «stürzenden Linien» werden in der jüngeren Photogeschichte gestalterisch vertretbar. Diese Entwicklung wird durch das Fortschreiten der Wahrnehmungslehre bestimmt, die ja besagt, dass durch die «Wahrnehmungskonstanzen» permanent «stürzende Linien» durch das menschliche Auge gerade gesetzt erscheinen. Die veränderte Betrachtungsweise von Architekturphotos hat dazu geführt, dass besonders bei Aufnahmen aus der «Untersicht» enorm dynamisch wirkende Architekturphotos entstehen.

Aufnahmen im Bereich «Stilleben» beschränken sich oft auf bestimmte, leicht überschaubare Arrangements mit geringer Flächenausdehnung. Die Verwendung eines Objektivs mit kurzer Brennweite ist selten notwendig.

+++

Experimente lassen sich grundsätzlich, das sei vorweg gesagt, mit jedem Objektiv realisieren. Nur sind nicht alle Objektivgruppen gleichermassen geeignet.
Das Superweitwinkelobjektiv gehört sicherlich zu einer der Brennweiten, bei der die «Spielwiese» zum Experimentieren sehr gross ist.
Es geht von der sehr sparsamen Gestaltung der Bildmotive durch Farbe oder Form (expressive Mengenkontraste) bis hin zur Abstraktion grosser Flächen durch Unschärfen und Verwischungen.

SID'S
GROCERY
MEATS
NOVELTIES
FILM
SID'S SUPERMARKET
RED & WHITE
CHEVROLET
ICE

28 mm

Weitwinkel

28–35 mm

Soll ein ausgedehntes Objekt von einem nahen Standort aus möglichst ganz erfasst werden, so eignen sich dazu diese Objektive mit einer kurzen Brennweite und einem grossen Bildwinkel hervorragend. Bei Architektur- und Innenaufnahmen sind die mittleren Weitwinkelobjektive besonders gut zu verwenden, weil sie dem Photographen eine kurze Distanz zum Objekt mit gleichzeitiger Bewegungsfreiheit garantieren. Für phantasieanregende Motivanschnitte, die zu einer dynamischen Bildaussage führen, können die Objektive 28 bis 35 mm sowohl in der Landschaftsphotographie wie in der Bildnisphotographie benutzt werden.
Ein Anschnitt der Architektur und der teilweise Einbezug des Umfeldes sind das gestalterische Gerüst des nebenstehenden Bildbeispieles. Der Hauptreiz liegt jedoch ohne Zweifel in der besonderen Situation von Licht und Hintergrund.

28–35 mm

Es ist sicherlich nicht übertrieben, wenn gesagt wird, dass die Weitwinkelobjektive unsere Sehweise verändert haben. Das sicherlich nicht nur im photographischen Bereich, sondern in der visuellen Wahrnehmung und in der damit verbundenen visuellen Kommunikation überhaupt. Die mittleren Weitwinkelobjektive 28 mm und 35 mm sind noch recht jung. Nach der Konstruktion der ersten Kleinbildkamera gestaltete sich der Bau eines Objektivs mit so grossen Bildwinkeln recht schwierig. Eine Vielzahl von technischen Problemen, wie Astigmatismus, sphärische und chromatische Aberration, galt es zu bewältigen. Nachdem lange Zeit in Europa nur Objektive von höchstens 35 mm Brennweite auf dem Markt zu finden waren, kamen nach und nach auch die 28-mm-Weitwinkel aus den USA auf den europäischen Markt.

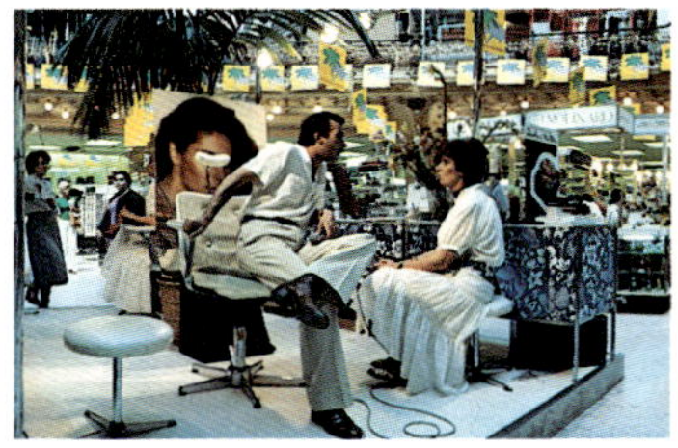

28 mm

35 mm

Gleichzeitig brachten sie uns auch einen Hauch der «Amerikanischen Photographie», die deutlich die Handschrift der 28-mm-Weitwinkelobjektive trägt.
Sie hat längst auch in der europäischen Photoszene ihre Spuren in der photographischen Gestaltung hinterlassen.
Zur Anwendung kommen die mittleren Weitwinkelobjektive in engen Räumlichkeiten mit kurzen Aufnahmedistanzen. Besonders auch Photographen, die innerhalb der Bereiche von Life- und Feature-Photographie arbeiten, setzen die

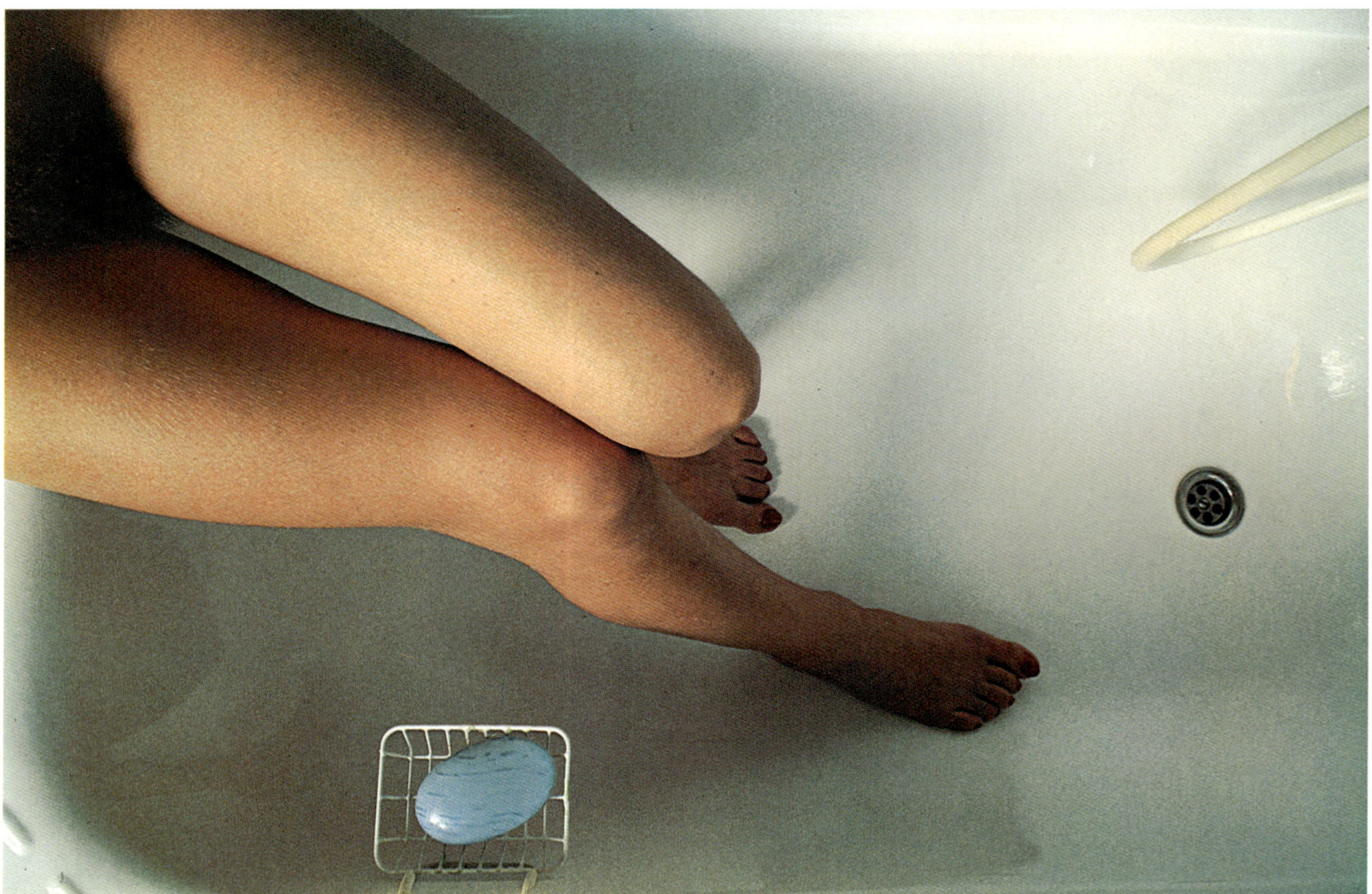

28 mm

Objektive mittlerer Brennweiten ein. Photographische Beiträge der feuilletonistischen Literatur sind gleichfalls häufig mit kurzen Objektivbrennweiten erstellt.
Nicht ungenannt bleiben soll der sogenannte «Schnappschuss» auf Festlichkeiten,

35 mm

Feiern, Partys usw., der mit Objektiven von 28–35 mm Brennweite gut gelingen kann.

Grosse Schärfentiefe bei grosser Blendenöffnung ermöglicht eine dynamische Photographie auch unter ungünstigen Lichtverhältnissen.
Eine besondere Charakteristik der Weitwinkel 28 und 35 mm besteht darin, dass sich beide Objektive bei einigem Geschick so einsetzen lassen, dass man den photographischen Resultaten die Verwendung der Objektive kurzer Brennweite nicht auf Anhieb ansieht.
Waren die ersten Weitwinkel mit 35 mm für die Kleinbildkameras eine Sensation – und waren die Resultate mit diesen Objektiven ob ihrer «enormen» Verzeichnung oft starker Kritik ausgesetzt –, so wird ge-

28 mm

35 mm

rade diese Brennweite heute fast mehr dem Normalbereich der 45–50-mm-Objektive zugeordnet. Jeder Photograph, der zudem gerne vorwiegend mit extremen Weitwinkeln arbeitet, wird im Kontrast Objektive von 28 mm und 35 mm fast schon als leichte «Teleobjektive» empfinden.
Das 28 mm erfasst jedoch mit einem Bildwinkel von 75 Grad das 1½fache des Bildwinkels unserer Augen, und das 35 mm «sieht» mit seinen 63 Grad immer noch fast 30% mehr.

28 mm

Ein allgemeines Problem des Photographierens ist es, ungewollte Unschärfen zu vermeiden. Da der Schärfentiefenbereich bei Weitwinkelobjektiven sehr gross ist, d. h. selbst bei offener Blende die Schärfe von 4–5 m bis Unendlich reicht, ist es eher schwierig, z. B. Hintergrundunschärfen mit dem Weitwinkel zu bekommen.

28 mm

35 mm

Auch die Gefahr der Verwacklung bei längeren Belichtungszeiten ist weit geringer als bei langen Brennweiten. Belichtungszeiten von 1/15, 1/8 oder sogar 1/4 können noch aus der Hand gewagt werden. Sicherer Stand, ausgeatmete Luft, äusserste Konzentration und möglichst mehrere Aufnahmen hintereinander geben zwar keine absolute Garantie, doch immerhin die Möglichkeit, in Notfällen (fehlendes Licht, fehlender hochempfindlicher Film) noch zu einem Photo ausreichender Qualität zu kommen. Das Weitwinkel wird meist dann eingesetzt, wenn es gilt, aus kurzer oder relativ kurzer Entfernung möglichst viel eines Motives erfassen zu können. Dabei kann es sein, dass es nicht möglich ist, einen grösseren Abstand zu nehmen (z. B. bei Innenaufnahmen), oder dass einem bei grösserer Distanz vielleicht dauernd störende Elemente zwischen Motiv und Kamera kommen (z. B. Personen, Autos usw.).

Bildbeispiele hierfür sind die Innenaufnahmen in einem Pariser Warenhaus, der laufende Mann mit seinem Hund vor der Schriftmauer und der Junge mit Brille in einem spanischen Dorf.

35 mm

Das 28- oder 35-mm-Weitwinkelobjektiv ist ideal für Architekturaufnahmen im Augenhöhenbereich, wie Türen, ebenerdige Fenster, oder auch für kleine Häuser.

28 mm

Bei grösseren Gebäuden und Fassaden ist ein erhöhter Standpunkt günstig – ohne Verzeichnungen können dann Aufnahmen wie das rote Pioneer-Gebäude oder die grüne Fassade in Sri Lanka entstehen. Auch für grössere Stilleben, wie die Sense im Rapsfeld, die Vespa im Licht- und Schattenspiel, oder für Marktstilleben auf Stunden

35 mm

oder auf dem Boden – wie die gelbgrünen Früchte mit den sortierenden Händen – ist die Gruppe der «gemässigten Weitwinkel» ideal. Ein gelungenes Beispiel für ein Schnappschuss-Porträt ist das Brustbild des Farbigen. Für ein formatfüllendes Porträt sind auch die Weitwinkel von 28 und 35 mm wegen ihrer Verzeichnung ungeeignet. Die experimentelle Handhabung der Photographie beschränkt sich nicht nur auf den rein technisch-experimentellen Bereich, wie z. B. das Bild der Langzeitbelichtung eines Autoscooters auf einem Rummelplatz, sondern auch auf die experimentelle Gestaltung und Farbgebung.

Das mittlere Weitwinkel von 28 mm ist dadurch, dass man aus relativer Nähe noch einen grossen Motivausschnitt bekommt, andererseits der Bildwinkel jedoch nicht so gross ist, dass man Schwierigkeiten mit störendem Umfeld hat, hervorragend für Formanschnitte und extreme Mengenkontrastierungen geeignet. Bildbeispiele hierfür sind die

28 mm

Beinanschnitte in der Badewanne und auf der blauen Tribüne, der Esel vor der ocker Wand in Portugal und der orange Reifen im Schwimmbad.

35 mm

28–35 mm

Porträt/Halbfigur

Figur/Gruppe

Landschaft

Pflanzen

+

Werden die Objektive der Baureihe 28–35 mm innerhalb der Porträtphotographie so angewandt, dass ein zu geringer Aufnahmeabstand unterbleibt, so können interessante Menschenbilder entstehen. Die Distanz ist deshalb erforderlich, damit auf Grund der auch in diesem Objektivbereich noch grossen perspektivischen Verzeichnungen das Modell nicht zu unvorteilhaft dargestellt wird. Die bildjournalistische Photographie kennt eine Vielzahl von Ergebnissen, beispielsweise die der «Exaltierten Porträts», welche ohne kurze Objektivbrennweiten so nicht vorhanden wären.

+++

Brennweiten von 28–35 mm werden inzwischen als die «klassischen» Weitwinkelobjektive angesehen, die sowohl für Figuraufnahmen als auch für Aufnahmen kleinerer Gruppen geeignet sind. Vornehmlich im privaten, aber sehr häufig auch im journalistischen Bereich kommen sie bei engen Räumlichkeiten zum Einsatz. Auf Grund ihrer Bildwinkel (28 mm = 75 Grad; 35 mm = 63 Grad) erreichen sie eine genügende Auszeichnung des Sujets, ohne dabei dem «normalen Seheindruck» allzu abträglich zu sein. Letzteres gilt besonders für die 35-mm-Wechselobjektive.

+++

Ein wirklich gutes Landschaftsphoto zeichnet sich wohl dadurch aus, dass es entweder dem realen Landschaftsbild sehr nahe kommt oder aber durch gezielte Abstraktion (Anschnitte, Unschärfen, Experimente) die Gesamtcharakteristik der Landschaft in ihrem Ausdruck noch gesteigert wurde.
Hier bieten die mittleren Weitwinkel von 28–35 mm sehr gute Möglichkeiten für kreative Gestaltung von Landschaftsphotos. Zu starke optische Verzeichnungen, wie sie noch bei den Superweitwinkelobjektiven anzutreffen waren, entfallen hier.

++

Pflanzenphotos sind mit den Objektiven des mittleren Weitwinkelbereichs 28–35 mm dann zu photographieren, wenn grössere Übersichten gezeigt werden sollen oder aber eine grössere Distanz zu einem Pflanzenwuchs grösseren Ausmasses nicht erreicht werden kann. Die Verzeichnungen sind bei ausreichender Gegenstandsweite und waagerechtem Halten der Kamera gering. Besonders sei auch hier auf die Möglichkeit der Detailaufnahmen pflanzlicher Arrangements im Kulturbereich verwiesen.

Tiere

Architektur

Stilleben

Experiment

+

Vieles, was bereits bei der Besprechung der Superweitwinkelobjektive genannt wurde, ist hier zu wiederholen. Nur aus grösserer Entfernung sollten die Weitwinkelobjektive 28 mm und 35 mm innerhalb der Tierphotographie zum Zuge kommen. Wo es sich um interessante Anschnitte oder um die Hinzunahme eines Tierkörpers in eine komponierte Landschaft handelt, ist die Nutzung der mittleren Weitwinkel zu empfehlen.
Zur Dokumentation von Bewegungsabläufen grösserer Tierherden von einem erhöhten Standpunkt (Obersicht) aus ist das 28-mm-Weitwinkelobjektiv von Nutzen. Dabei lässt sich natürlich auch im formalästhetischen Bereich hervorragend die Gesamtform unter Berücksichtigung von Flächenverteilung und Struktur herausarbeiten.

++

Stürzende Linien, ein Hauptkriterium bei der Beschäftigung mit Weitwinkelobjektiven, sind vor allem in der Architekturphotographie problematisch. Unter der Voraussetzung eines günstigen Kamerastandpunktes ist die Erstellung eines Architekturphotos ohne stürzende Linien mit 28-mm- bzw. 35-mm-Objektiven durchaus möglich.
Sind Architekturdetails in Augenhöhe aufzunehmen, so eignen sich, je nach möglicher Aufnahmedistanz, die 28-mm- bzw. die 35-mm-Weitwinkelobjektive besonders gut.

+++

Stilleben, die auf Tischen oder aber bei Märkten auf der Erde drapiert sind, lassen sich besonders gut mit den beiden Objektiven 28 mm und 35 mm des Weitwinkelbereichs aufnehmen. Die Dingweite und die typische Bauweise der Objektive ergänzen sich, so dass günstige Aufnahmebedingungen bestehen, die eine zu starke Veränderung oder Verfälschung des Sujets verhindern.
Auch lassen sich die kurzbrennweitigen Objektive des Mittelbereiches bei Detailaufnahmen nutzen.
Für phantasieanregende Motivanschnitte, die zu einer dynamischen Bildaussage führen können, lassen sich das 28 mm und das 35 mm hervorragend einsetzen.

++

Die Möglichkeiten, mit den mittleren Weitwinkeln zu experimentellen Bildlösungen zu gelangen, sind begrenzt.
Verfremdungen durch Ausschnitte oder Anschnitte im formalen Bereich unter Ausnutzung des Bildwinkels von 63–75 Grad sind geeignet, zu überzeugenden Bildlösungen zu kommen.
Auch das Experimentieren mit langen Verschlusszeiten bei stehender oder absichtlich bewegter Kamera während der Aufnahme ist denkbar.

Normalobjektiv

50 mm

Woher hat das 50-mm-Objektiv seinen Beinamen Normalobjektiv? Es entspricht, was den Bildwinkel anbelangt, in etwa dem Sehwinkel unserer menschlichen Augenwahrnehmung. Der Mensch erfasst mit seinen Augen in Ruhestellung deutlich 45 Grad Sehwinkel. Dieser Ausschnitt wird durch die Möglichkeit der Kopfbewegung auf etwa 180 Grad horizontal und 120 Grad vertikal erweitert. Im Gegensatz dazu erscheint bei starrer Kamerahaltung der photographierte Ausschnitt mit einem 50-mm-Objektiv stets enger.
Gerade für Stilleben auf den unterschiedlichsten Märkten ist das 50 mm unerlässlich. Aus Augenhöhe angewendet, lässt es leicht störendes Umfeld ausschliessen. Dabei liegt der Reiz, wie auch hier bei dem Foto eines Blumenmarktes in Kanada, bei der flächendeckenden Struktur mit ihrer lebendigen Farbigkeit.

50 mm

50 mm

Die überwiegende Zahl der im Handel befindlichen Kleinbildkameras ist serienmässig mit Standardobjektiv 50 mm Brennweite bestückt. Dieses hat seine Ursache neben sicherlich historischen Gründen darin, dass Photographien mit dieser Brennweite, im Hinblick auf ihre perspektivische Abbildung bei entsprechendem Betrachtungsabstand, als natürlich angesehen werden.

Das Objektiv mit 50 mm Brennweite, als Normalobjektiv bezeichnet, ist ein Standardobjektiv, mit dem eine Vielzahl von photographischen Bildschöpfungen realisiert werden kann.

Dem photographischen Neuling ist die Benutzung dieses Normalobjektivs für erste Gestaltungsübungen daher zu empfehlen.

An sich entspricht der «Sehwinkel» des Normalobjektives mit seinen 46 Grad dem «Sehwinkel» unserer Augen. Nimmt man die mit einem 50 mm bestückte Kleinbildkamera vor das Auge, hat man jedoch oft das Gefühl eines engeren Ausschnittes.

Dieser Eindruck des «Mit-den-Augen-mehr-Sehens» entsteht, weil einmal mit dem 46-Grad-Sehwinkel der Augen der Bereich gemeint ist, den das Auge scharf sieht (die Unschärfenzonen werden jedoch zusätzlich in Farbigkeit und Hell–Dunkel wahrgenommen),

50 mm

50 mm

50 mm

und wir zum anderen die Augen als auch den Kopf bewegen. Durch diese – in der Waagerechten schnellere, in der Senkrechten langsamere – Bewegung erfassen wir z. B. eine Landschaft sofort als Panorama. Gerade zu diesem Motivbereich entsprechen also Ergebnisse mit den mittleren Weitwinkeln von 28–35 mm eher unserem Seheindruck.
Das Gefühl der Identität der Sehwinkel der Augen und des 50-mm-Objektivs ist deshalb eher im mittleren Nahbereich zu bekommen.
Hier ist erneut die Architektur in Augenhöhe zu erwähnen. Für Türen, Tore, Wände und ebenerdige Fenster benötigt man im allgemeinen jedoch etwas mehr Abstand und Freiraum als bei den Weitwinkeln. Häufig sind parkende Autos das Hauptproblem bei der Aufnahme. Das exakte Auswinkeln der Kamera zur Vermeidung stürzender Linien ist mit dem 50 mm einfacher.
Bildbeispiele für diesen Motivbereich sind der gehende Mann vor der Mauer mit dem Baumschatten, das Detail des Fachwerkhauses, die stark farbige Wand mit Fenster, Fahrrad und Hund sowie der Schnappschuss der beiden Radfahrer vor der Fassade.
Auch im Nahbereich von 1–2 m ist das 50-mm-Objektiv ideal verwendbar. Nicht selten findet man in Schaufenstern interessante Stilleben und Situationen. Wenn man das Objektiv bzw. die Gegenlichtblende direkt an das Glas anlegen kann, lassen sich störende Reflexe vermeiden – wie bei dem lustigen, in Schweineform angebotenen Käse.

50 mm

50 mm

50 mm

Auch durch offene Blende (und dadurch fehlende Schärfentiefe) lassen sich Reflexe im Glas verringern. Bei dem Bild «Katze mit Telefon» wird das Umfeld nur geringfügig gespiegelt.

Aus ähnlicher Entfernung (Augenhöhe) wurde das Stilleben «Äpfel auf rotem Tuch» auf einem Marktstand aufgenommen. Mit dem nahestmöglichen Abstand der 50-mm-Objektive von etwa 40–50 cm kann man auch schon etwas in den Makrobereich eindringen. Wandmalereien, Strandfunde, Steine, Strukturen verschiedener Materialien, grössere Blumen und Pflanzen lassen sich oft schon formatfüllend aufnehmen. Je nach Grösse des Motives lassen sich auch verdichtende Abstraktionen erreichen, wie z. B. die lineare Pflanzenstruktur eines Palmenblattes.

Allerdings treten sofort Probleme der Schärfentiefe auf, wenn das Motiv nicht flach ist, sondern auch in die Tiefe geht. Bei Naheinstellung und offener Blende beträgt die Schärfentiefe nur wenige Millimeter/Zentimeter, so dass es günstig ist, wenn man durch Abblenden etwas Schärfentiefe gewinnen kann. Nicht selten sind solche Aufnahmen nur vom Stativ möglich (Langzeiten).

Die heute üblichen Lichtstärken von f 1,4 oder f 1,7 der 50-mm-Objektive können in vielen Fällen hilfreich sein. Wenig Licht in schmalen Gassen, in Hauseingängen oder

50 mm

50 mm

50 mm

50 mm

50 mm

auch in Innenräumen lässt sich durch offene Blende und relativ lange Belichtungszeit (notfalls gewagte 1/15 Sekunde aus der Hand) ausgleichen. Natürlich ist bei solchen Wagnissen grösste Sorgfalt bei der Scharfeinstellung und bei der Kamerahaltung notwendig, um z.B. Bilder wie das des Handwerkers in seiner Werkstatt zu erreichen.
Vom erhöhten Standpunkt ist das 50 mm häufig das geeignete Objektiv, das keinen zu grossen, aber auch keinen zu engen Ausschnitt ergibt und auch keine Probleme von partiellen Unschärfen (Vordergrund/Hintergrund) aufwirft.
Die Dachstrukturen und die Szene vor dem Start eines historischen Pferderennens in Siena sind Beispiele hierfür. Die Bilder des Zeitschriftenstandes und des Hundes auf der Uferpromenade (zwei Aufnahmen aus Nazarè/Portugal) zeigen die ideale Verwendbarkeit des 50-mm-Normalobjektives auch in der Halbtotale.

50 mm

50 mm

50 mm

Porträt/Halbfigur

Figur/Gruppe

Landschaft

Pflanzen

+

Ohne Zweifel sind die Objektive mit einer Brennweite von 50 mm schon für Porträtaufnahmen geeignet.
Nur sollte bei der Benutzung eines Objektives dieser Baureihe darauf geachtet werden, die Aufnahmedistanz nicht kleiner als 1,5 Meter werden zu lassen. Wird dieser Abstand gewahrt, so entstehen stets Porträts in Form von Brustbildern.
Eine kürzere Entfernung vom Porträtmodell hätte unvorteilhafte Verzeichnungen des Porträts zur Folge. Auf eine formatfüllende Kopfabbildung sollte daher verzichtet werden. Zur Erstellung eines Doppelporträts ist das 50-mm-Objektiv wiederum gut geeignet.

++

Kleinere und mittlere Gruppen lassen sich mit dem 50-mm-Objektiv hervorragend aufnehmen. Notwendig ist allerdings, genügend Abstand von dem Motiv halten zu können. Dabei ist bei offener Blende eine erkennbare Trennung von Gruppe und Hintergrund oder, bei entsprechender Abblendung des 50-mm-Objektivs, eine gleichzeitige scharfe Abbildung beider Bildebenen möglich.
Grössere Gruppen, die von einem erhöhten Standpunkt aus der Obersicht photographiert werden, lassen sich mit einem Normalobjektiv gut in die Bildgestaltung einbringen.

+

Das menschliche Auge nimmt einen deutlichen Sehwinkel von nahezu 45 Grad wahr. Dieser Ausschnitt wird durch die Möglichkeit der Kopfbewegung auf etwa 180 Grad horizontal und etwa 120 Grad vertikal erweitert.
So entstehen mit dem Normalobjektiv auch oft nur mittelmässige Landschaftsphotos. Das heisst: sie geben weder die Gesamtcharakteristik der Landschaft wieder, noch ist die Brennweite des Normalobjektivs ausreichend, interessante Details der Landschaft freistellen zu können. Besteht die Möglichkeit, einen überschaubaren Landschaftsbereich, z. B. einen freistehenden Baum mit niedrigem Umfeld ohne störende Elemente im Mittelbereich, aus grösserem Abstand aufzunehmen, so ist die Verwendung eines Normalobjektives durchaus anzuraten.

++

Mit dem 50-mm-Objektiv gelangt man zu guten Aufnahmen von Mittelgrössen und grösseren Pflanzen und Pflanzengruppen.
Bei entsprechendem Abblenden erreicht man oft eine völlig scharfe Darstellung der meist dreidimensionalen Objekte.

Tiere

Architektur

Stilleben

Experiment

++

Problemlos lassen sich grössere Tiere mit einem 50-mm-Normalobjektiv aufnehmen. Der erforderliche Mindestabstand ergibt sich in diesem Falle von selbst.
Das Standardobjektiv kann zur Verwendung kommen, wenn es sich um keine scheuen Tiere (Haustiere im weitesten Sinne) handelt.
Bei der Besprechung des Normalobjektivs ist ohne Frage auch der Zoobereich als ausgezeichnetes Einsatzgebiet zu nennen.
Hier ist die Beobachtungsmöglichkeit und das Photographieren mit dem Normalobjektiv aufgrund des günstigen Abstands auch zu wilden Tieren ideal.
Kleinere Tiere, die dem Photographen vertraut sind (Hund, Katze), lassen sich ebenfalls mit einem 50-mm-Objektiv problemlos photographieren.

++

Architekturen oder deren Fassaden lassen sich mit einem 50-mm-Objektiv verzeichnungsfrei aufnehmen.
Dabei muss allerdings eine sich aufgrund des Aufnahmeabstands ergebende grosse Vordergrundabbildung berücksichtigt werden. Dieses gilt nicht, wenn die Architekturaufnahme von einem erhöhten Standpunkt aus gemacht wird (Leiter, Podest, gegenüberliegendes Haus usw.). Besteht der Wunsch, Architekturdetails aufzunehmen, so eignet sich ein Normalobjektiv besonders dann, wenn diese Details sich in Augenhöhe des Photographen befinden.

+++

Hervorragende Stilleben sind oftmals auf Märkten und Basaren zu finden. Um sie nun auch zu guten Bildern werden zu lassen, kann das Objektiv mit 50 mm Brennweite gute Dienste leisten.
Meist befinden sich diese Stilleben in Standhöhe und begünstigen somit die Aufnahmebedingungen.
Häufig zu beobachtende Graffiti, Wand- oder Strassenmalereien lassen sich allerorts mit dem Standardobjektiv 50 mm dokumentieren.
Auch hier wird durch mögliches Abblenden des Objektives eine grosse Schärfentiefe erreicht, wobei die Verwacklungsgefahr gering bleibt.

+

Der Experimentalbereich ist mit den Standardobjektiven nur beschränkt auszunutzen. Das erschöpft sich in den Möglichkeiten des Mitziehens der Kamera bei bewegten Motiven, der Langzeitbelichtung und der absichtlichen Verwacklung der Kamera während der Aufnahme.
Versuche im vergleichenden Bereich der Schärfe/Unschärfe sind interessant.

17

85 mm

Teleobjektiv

85 mm

85-mm-Objektive ermöglichen gegenüber den Normalbrennweiten eine sehr viel genauere Dosierung der Schärfentiefe. Grosser Arbeitsabstand und geringer Bildwinkel (28 Grad) vereinfachen die Anwendung besonders bei Porträtaufnahmen (Beiname: Porträtobjektiv).
Dennoch ist die Anwendung des 85 mm natürlich keineswegs auf den Porträtbereich beschränkt, sondern es ist vor allem bei der Halbtotalen ein ideales Objektiv. Die Halbtotale eines kanadischen Motels (nebenstehendes Bild) ist zudem ein schönes Beispiel eines Farbbildes, das an einem regnerischen, bedecktem Tag photographiert wurde. Die heute meist lichtstarken 85-mm-Objektive sind somit auch ideal bei knappen Lichtverhältnissen einzusetzen.

85 mm

Das wirkliche «Kennenlernen» eines Objektives kann nur über intensive Beschäftigung, d.h. praktische Arbeit, geschehen. Dies gilt natürlich auch für das 85 mm.
Die erste Stufe des Kennenlernens ist dabei am besten ein Vergleich mit einem anderen Objektiv, mit dem man schon vertraut ist. In den meisten Fällen wird dies wohl ein Vergleich mit dem 50 mm sein. Wer noch nie ein Teleobjektiv besessen hat, wird überrascht sein, wieviel dichter man vom selben Standpunkt aus mit einem Objektiv von nicht einmal doppelter Brennweite an sein Motiv herankommt. Erreicht man aus einer Entfernung von 1–1,2 m mit dem 50 mm von einer Person noch ein Brustbild mit reichlich Umfeld, bringt das 85 mm ein formatfüllendes Porträt.

85 mm

Wichtig ist, dass das 85-mm-Objektiv die erste Brennweite ist, mit der man verzeichnungsfreie Porträts aufnehmen kann – also weder zu grosse Nasen noch zu kleine Ohren bekommt. Deshalb hat das 85 mm (bezogen auf das Kleinbildformat) auch den Beinamen «Porträt-Objektiv» erhalten.
Nicht unwichtig für das Gelingen guter Porträtphotos ist auch die Tatsache, dass man mit dem 85 mm seinem Modell nicht zu nahe kommt, sich also niemand von dem Photographen bedrängt zu fühlen braucht.
Die modernen 85-mm-Objek-

85 mm

85 mm

tive haben mindestens die Lichtstärke f 1:2,0 (meist sogar 1,7 oder mehr).
Im nahen oder näheren Be-

85 mm

reich kann man unter völligem Aufblenden, oder nur geringem Abblenden um eine, maximal 2 Blenden, sehr gut den Kontrast von Schärfe zu Unschärfe als Gestaltungsmittel einsetzen. Also ein Porträt (oder eine Pflanze, eine Katze, einen Hund usw.) mit Detailschärfe auf dem Objekt gegen einen unscharfen Hintergrund absetzen.
Das 85 mm ist im Bereich der Teleobjektive die kürzeste Brennweite. Dennoch gibt es neben der Motivgruppe «Porträt/Halbfigur» noch andere Motivgruppen, bei denen das 85-mm-Objektiv hervorragend einzusetzen ist.
Vorrangig sind da die grossflächige, offene Landschaft mit Aufnahmen von erhöhtem Standpunkt sowie Übersichten

85 mm

auf Dörfer, Städte usw. zu erwähnen.
Im Glücksfall ist ein Strassenverlauf schon so günstig, dass

85 mm

man solch einen erhöhten Standpunkt ohne jede Anstrengung bekommt. Die Frühlingslandschaft in der Toskana, mit dem flächenbeherrschenden, zentral komponierten Baum, und der pflügende Bauer in Sri Lanka (eine Auf-

85 mm

nahme, die sogar aus dem stehenden Auto aufgenommen wurde) waren solche Glücksfälle.

85 mm

Doch nicht immer ist der Weg zu solchen Photos so mühelos – meist heisst es steile Hänge zu erklimmen oder viele, viele Stufen auf Türme o.ä. zu steigen, um eine Übersicht zu erreichen.
Aus nur geringer Höhe wurde das Kindergruppenbild photographiert.
Kleinere Häuser und ebenerdige, aber auch etwas höher befindliche Architekturdetails lassen sich bei genügendem Abstand mit dem 85 mm gut ins Bild setzen. Gerade, freistehende, kleine Häuser, wie das gelbe Haus in Portugal, werden verzeichnungsfrei wiedergegeben.
Die zwei Hunde vor der Wand und der Vogel vor der Dagoba sind zwei Schnappschüsse, die den Vorteil des leichten Teleobjektivs zeigen: Die Tiere scheinen völlig ungestört.

Im experimentellen Bereich lässt sich verstärkt mit Unschärfen verschiedener Art arbeiten. Die Hintergrundunschärfe wurde schon erwähnt, das Bild «Windräder vor dem schiefen Turm» zeigt ein Beispiel von Vordergrundunschärfe (mit offener Blende aufgenommen).

85 mm

85 mm

Zum Haupteinsatzgebiet des 85-mm-Objektives, dem Porträt, ist noch zu sagen, dass in den meisten Fällen nur Porträts

85 mm

erreicht werden, bei denen die betreffenden Personen wissen/merken, dass sie aufgenommen werden.
Bei allen abgebildeten Porträts ist dies eindeutig zu sehen; die Blicke richten sich immer direkt auf den Photographen (den Betrachter). Das Hochformat, traditionell auch als Porträtformat bezeichnet, bringt ruhige, personenbetonte Porträts, die meist frei im Raum stehen. Spannungsvoller sind im Querformat komponierte Porträts. Nicht nur aus formalen Gründen ist es oft günstig, den Kopf oben anzuschneiden. Das Porträt sitzt grösser und betonter im Raum, und der verbleibende, geteilte Hintergrund erzeugt Spannungen.

85 mm

85 mm

Porträt/Halbfigur

Figur/Gruppe

Landschaft

Pflanzen

+++

Das Wechselobjektiv 85 mm Brennweite besitzt spezifische Eigenschaften, die es im besonderen für den Einsatz im Bereich der Porträtphotographie auszeichnet. Hier besteht erstmalig die Möglichkeit, ein Porträt formatfüllend aufzunehmen, ohne störende Verzeichnungen in der Abbildung zu erhalten. Die noch relativ kurze Distanz zum Porträtmodell begünstigt eine rege Kommunikation zwischen ihm und dem Photographen.
Die optischen Gesetzmässigkeiten und die damit verbundene perspektivische Abbildung des 85-mm-Objektives verleihen den mit diesen Objektiven entstandenen Porträts Plastizität und realistische Wirkung.

++

Aufnahmen kleinerer und mittlerer Gruppen sind mit einem Objektiv von 85 mm Brennweite gut zu gestalten. Ein besonderer Vorteil liegt darin, dass dies auch sehr leicht unbemerkt erfolgen kann. Interessante Formationen und Gruppenzugehörigkeiten können photographisch herausgearbeitet und verdeutlicht werden.

++

Um ein 85-mm-Objektiv im Landschaftsbereich sinnvoll einzusetzen, bedarf es der Vorüberlegung, dass diese Objektivbrennweite erste knappere Ausschnitte der Landschaft abbildet. Denkt man einmal an dieser Stelle an das Weitwinkelobjektiv mit 28 mm Brennweite und das, was dort gesagt wurde, so sind jetzt in diesem Bereich Abstraktionen durch Anschnitte, Unschärfen und sonstige Experimente möglich. Eine besondere Schwierigkeit liegt bei dieser Brennweite mit dem Bildwinkel 28 Grad darin, dass bei noch relativ grosser Vordergrundabbildung und gleichzeitiger Raffung der Perspektive viele störende Elemente im mittleren Motivbereich auftauchen können.

++

Zimmerpflanzen in Haus und Hof sind im Motivbereich Pflanzen geeignete Objekte, sich mit dem 85-mm-Objektiv auseinanderzusetzen.
Auf diesem Wege erfährt man genug Übung, um auch ausserhalb, in botanischen Gärten, Parkanlagen und dergleichen, die Pflanzenwelt zu einem photographischen Bild komponieren zu können.

Tiere

++

Das 85-mm-Objektiv, als Porträtobjektiv bezeichnet, ist auch im Bereich der Tierphotographie geschätzt.
Die Brennweite ermöglicht einen optimalen Motivabstand, der eine gemässigte perspektivische Wiedergabe ermöglicht.
Bei der Aufnahme eines Tieres kann der Hintergrund meist nicht frei gewählt werden, sondern ergibt sich aus der Aufnahmesituation.
Wird ein 85-mm-Objektiv benutzt, findet die Hintergrundabbildung auf dem Film optisch grösser statt, das heisst, der Ausschnitt des Motivhintergrundes verengt sich. Wird zusätzlich die Blende des Objektivs weit geöffnet, begünstigt die deutlich abgegrenzte Schärfentiefe den Plastizitätseindruck des photographischen Tierbildes.
So können durchweg fast alle Haustiere unter Inanspruchnahme des Wechselobjektives mit 85 mm Brennweite und 28 Grad Bildwinkel formatfüllend photographiert werden.

Architektur

+

Kleinere Architekturen lassen sich durch Einsatz eines 85-mm-Wechselobjektivs bei genügendem Abstand weitgehend ohne stürzende Linien ins Bild setzen. Auch wird hier eine formatfüllende Abbildung erreicht, ohne dass der Vordergrund des Architekturphotos zu dominant erscheint. Das Objektiv dieser Baureihe (85 mm Brennweite, 28 Grad Bildwinkel) dient auch im Hinblick auf den Telebereich bereits dazu, Architekturdetails wie Fenster, Türen, Fresken, Stuckarbeiten, Malereien usw., die sich in einer grösseren Entfernung vom Photographen befinden können, abzubilden. Bei Aufnahmen von Grossraumarchitekturen wie beispielsweise bei Schlossanlagen oder einzelnen Stadtteilen, wo die Einbeziehung von Durchblicken durch Architekturteile (Tore, Brücken) zur Bildgestaltung beitragen soll, ist das 85-mm-Objektiv zu empfehlen.
Eine Tiefenwirkung wird optisch illusioniert.

Stilleben

++

Innerhalb der Stillebenphotographie (Stillife, Stills) geben die 85-mm-Objektive eine ausgeglichene perspektivische Wiedergabe. Es ist besonders, ohne ein Mass anlegen zu wollen, im Vergleich zu klassischen Vorgaben von Stilleben in der Malerei und Graphik bedeutsam.
Diese Stilleben sind wegen ihrer naturgetreuen und lebendigen, perspektivisch richtigen Widerspiegelung ihrer Zeit bei Kunstkennern hoch geschätzt. Die spezifisch photographischen Elemente, die Beeinflussung der perspektivischen Abbildung durch die Brennweite und der damit verbundene Aufnahmeabstand, finden bei der Gestaltung eines Stillebens mit einem 85-mm-Objektiv ideale Bestimmung. Dieser Objektivtyp ermöglicht, bei vorgefundenen Arrangements gezielt auch Ausschnitte zu wählen, mit der Chance, durch Abblenden mittels klar abgegrenzter Schärfenzonen die photographische Gestaltung des Stillife günstig zu beeinflussen.

Experiment

+

Die experimentelle Bildgestaltung nimmt bei dem 85 mm nur einen kleinen Bereich ein. Erste photographische Experimente gelingen bei Aufnahmeversuchen mit geöffneter Blende und dem gleichzeitigen Spielen mit Unschärfezonen.
Als weiteres Experiment kann das Mitziehen der Kamera während der Aufnahme angesehen werden, wobei die mitgezogenen Objekte, hier beim 85-mm-Objektiv, im Vorfeld des Telebereiches, schon gross im Bildfeld in Erscheinung treten.

Teleobjektiv

135 mm

Das 135 mm, auch oft «Dreizehnfünfer» genannt, ist als eines der klassischen Teleobjektive zu bezeichnen. Es hat auch schon alle Merkmale der Teleobjektive, z. B. die Verengung des Bildfeldes, flächige Wirkung oder Raffung der Tiefenstaffelung. Es ist jedoch selbst bei Baureihen grösserer Lichtstärken noch leicht und handlich.
Das Bild der Wäschebleiche in Madeira ist ein weiteres Beispiel einer Aufnahme, die mit einem Teleobjektiv von einem erhöhten Standpunkt aus aufgenommen werden konnte. Der Blick von oben erlaubt, in Verbindung mit dem 135 mm, ein Weglassen des Horizontes, so dass das Photo ganz von der kontrastierenden Struktur von Stoffen und Steinen lebt.

135 mm

135 mm

Das 135 mm, auch oft «Dreizehnfünfer» genannt, ist als eines der klassischen Teleobjektive zu bezeichnen. Es hat auch schon alle Merkmale der Teleobjektive, z. B. die Verengung des Bildfeldes, flächige Wirkung oder Raffung der Tiefenstaffelung, ist jedoch selbst bei Baureihen grösserer Lichtstärken noch leicht und handlich.
Bei ausreichender Erfahrung und Übung können sogar noch Schnappschüsse mit dem 135 mm gelingen.
Wichtigstes Merkmal gegenüber den kürzeren Brennweiten ist die – allen Teleobjektiven eigene – Tatsache der geringeren bis geringen Schärfentiefe. Da man, um der Verwacklungsgefahr zu begegnen, vorbeugend mit der Belichtungszeit von 1/250 Sekunde arbeiten sollte, ergeben sich überwiegend mittlere Blendenwerte. Das bedeutet, dass man auf die bildwichtigen Motivteile sehr präzise scharf einstellen muss, um Enttäuschungen zu vermeiden.

135 mm

135 mm

Andererseits lässt sich die Schärfentiefe sehr gezielt dosieren, wobei die Vordergrund- und vor allem die Hintergrundunschärfen ein wichtiges Mittel der Bildgestaltung bzw. der Beeinflussung der Bildwirkung sein können. Die Bildergebnisse bei der Verwendung des 135 mm im Nahbereich (die naheste Einstellung bei den 135-mm-Objektiven liegt meist bei 1,5 m, in Ausnahmefällen näher) sind gekennzeichnet durch knappe, auf das Wesentliche konzentrierte Ausschnitte.

135 mm

Mit dieser Brennweite lassen sich hervorragend unbeobachtete Porträts auf Märkten usw. erreichen, aber auch bewusst enge Porträtanschnitte (bis zur allseitig angeschnittenen «Gesichtslandschaft») komponieren.

Relativ bedenkenlos kann man sich mit dem 135 mm Belichtungszeiten bis 1/125 Sekunde aus der Hand zutrauen – vorausgesetzt, dass man nicht gerade körperliche Anstrengungen (schnelles Laufen, Bergsteigen usw.) hinter sich hat. Spätestens bei 1/60 Sekunde Belichtungszeit ist jedoch äusserste Konzentration und grosse Vorsicht beim Auslösen geboten – zu leicht kann eine unangenehme Verwacklungsunschärfe entstehen.

Das 135 mm bringt mit seinem Bildwinkel von nur 18 Grad auch im mittleren Entfernungsbereich noch recht knappe Ausschnitte, die nur einen kleinen Teil unseres Augensichtfeldes erfassen. Die Benutzung des Teleobjektives verlangt also ein intensives Sehen (Hinsehen, Ausschnitt suchen) als Vorstufe der Aufnahme. Hierin unterscheiden sich die Teleobjektive, die «längeren Brennweiten» also, wesentlich von «kürzeren» (17–50 mm), bei denen das gesehene Motiv jeweils «nur» in die optimale Gestaltung und Farbkomposition umgesetzt werden muss.

135 mm

135 mm

Es gilt also, mit den Eigenarten des 135 mm vertraut zu werden und zu lernen, Motive mit «Teleaugen» zu beurteilen und zu erkennen.

135 mm

Das 135 mm gehört noch nicht zu den starken Teleobjektiven, doch eignet es sich oft für das unbemerkte Beobachten entfernter liegender Szenen wie etwa die Gruppe der Verkehrszähler vor der Kachelwand in Porto/Portugal. Die aufgereihte Gruppe in einem portugiesischen Dorf weiss, dass sie photographiert wird, und amüsiert sich über den so weit weg stehenden Photographen.

Über eine breite Strasse hinweg wurde auch der Jeansladen «Bla-Bla» aufgenommen. Bei genügendem Abstand lassen sich auch Architekturdetails im höheren Bereich aufnehmen, ohne allzu störende Verzeichnungen durch stürzende Linien zu bekommen. Das Bild des blaugrünen Hauses zeigt die oberen von insgesamt fünf Stockwerken, aufgenommen aus Strassenhöhe. Einen statischen Bildaufbau zeigt auch das Bild der Gerüstbauer in Sri Lanka, während das Mädchen im Fenster durch die Schrägsicht sehr spannungsreich komponiert ist. Der kleine Clown, eine

135 mm

zentral aufgebaute Komposition, fühlte sich durch den Photographen nicht bedrängt.

Leichte Unschärfen im Vorder-

135 mm

grund, im Hintergrund oder sogar vorne und hinten – wie bei der weissen Kuh – sind häufig Begleiterscheinung der Belichtungskombination «schnelle Zeiten bei offener Blende». Diese sind nötig, um Verwacklungsunschärfen bei

135 mm

Aufnahmen aus der freien Hand zu vermeiden.

Zwei im Formalen und in der Verteilung von Schärfe und Unschärfe überzeugende Beispiele für die Anwendung des 135 mm sind das Bild mit den Luftballons in Florenz sowie der Verkehrsspiegel in der toskanischen Landschaft.

Bei sehr hohem Standpunkt auf einer Brücke in Porto ent-

135 mm

stand das diagonal komponierte Bild von Fluss und Kai.

135 mm

135 mm

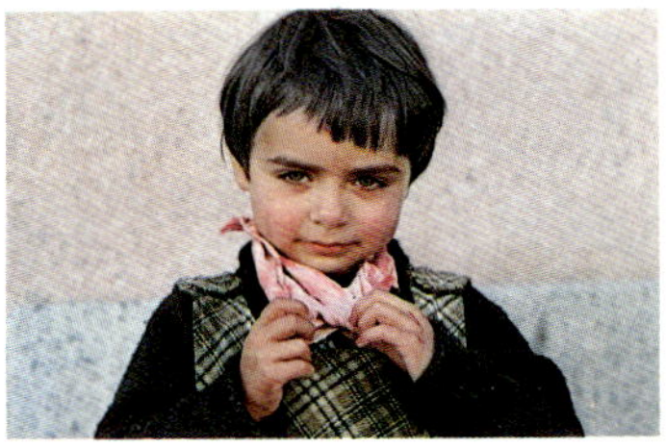

Porträt/Halbfigur

Figur/Gruppe

Landschaft

Pflanzen

+++

Als Faustregel für eine möglichst plastische, verzeichnungsfreie Porträtabbildung gilt: «Die Objekttiefe (Tiefe des Kopfes) steht zur Brennweite in einem Verhältnis von 1:10.»
Die sich daraus ergebende Verwendung des 135-mm-Objektives errechnet einen idealen Aufnahmeabstand von etwa 1,50 Meter.
Eine gute Einsatzmöglichkeit besteht im Bereich der Schnappschussporträts. Sie erfolgen unbemerkt aus «sicherer» Distanz. In diesen Fällen sei aber, besonders bei Publikationen von Photos, auf das «Recht am eigenen Bild» der photographierten Person verwiesen.

++

Kleinere Gruppen lassen sich mit einem 135-mm-Wechselobjektiv besonders dann gut aufnehmen, wenn genügender Abstand vorhanden ist oder aber die Gruppe aus einer Obersicht photographiert werden kann.
Die Herauslösung einzelner Gruppenteile aus grösseren Versammlungen, Festivals und dergleichen kann zu interessanten Bildformationen führen.
Hervorzuheben ist die Aufnahme einzelner Personen in «ganzer Figur». Durch Gebrauch des 135-mm-Teleobjektives kann mittels der Objektivblende die Person durch die Wirkung der Schärfentiefe vom Hintergrund abgelöst und freigestellt werden.
Für die Bildjournalisten ist das 135-mm-Objektiv ein unentbehrliches Hilfsmittel, um weiter entfernte Personen auf öffentlichen Veranstaltungen näher «ranzuholen».

+++

Landschaftsphotographie bedarf einer besonderen Aufmerksamkeit, wenn es um den Gebrauch eines 135-mm-Teleobjektivs geht. Hier ist das 135er ein Garant für bildwirksame Aus- und Anschnitte des Gesamtsujets.
Im Nahbereich, mit einem Mindestabstand von 1,50 m, bis hin zur Totalen (∞) lassen sich einzelne Landschaftsdetails freistellen und abstrahieren.
Die Betonung der einzelnen Motivebenen und die damit verbundene Darstellung der perspektivischen Grössenunterschiede in einer Landschaft gelingen mit einem 135-mm-Objektiv hervorragend.
Bildmässige Staffelungen und die Möglichkeit der klaren Abgrenzung von Vorder-, Mittel- und Hintergrund geben dem Landschaftsphoto die erforderliche Plastizität und Tiefenwirkung.

++

Durch seine Eigenschaft der ausschnitthaften Verdichtung und Tiefenstaffelung im Bildraum eignet sich das 135-mm-Teleobjektiv gut für Aufnahmen im pflanzlichen Sektor.
Die Dosierung der Schärfe mit Hilfe der Objektivblenden ermöglicht eine totale Freistellung und Isolierung einzelner Pflanzen vom Umfeld.
Auch wird der durch künstliche und natürliche Hindernisse nicht zugängliche Pflanzenwuchs optisch mittels des 135-mm-Objektivs erreichbar.
Es ist möglich, einzelne Pflanzenteile zu neuen Formationen zu gestalten.

Tiere

Architektur

Stilleben

Experiment

++

An anderer Stelle wurde bereits darauf hingewiesen, dass die Aufnahme eines Tieres besonders auch die Kenntnis des Tierverhaltens voraussetzt. Oft lässt sich die Annäherung auch an ein sehr scheues Tier aufgrund seiner Grösse nicht vermeiden.
Das 135-mm-Objektiv als leichtes Teleobjektiv erleichtert das Vorhaben enorm. Bei grösseren Tieren ist die Beobachtung auch aus sicherer Entfernung möglich.
Im Zoo ist die Anwendung eines 135-mm-Objektivs besonders dann zu empfehlen, wenn das störende Gitter auf dem Photo nicht sichtbar werden soll.
Ein weites Einsatzfeld findet das 135-mm-Objektiv auch im Bereich der Haustiere. Grössenverhältnisse, mögliche Annäherung und Vertrautheit der Tiere bieten gute Ausgangsbedingungen.

+++

Aus grösserer Entfernung ist die photographische Darstellung einer Gesamtarchitektur mit einem 135-mm-Objektiv gut realisierbar. Der Vorteil bei dieser Brennweite besteht darin, dass eventuell störende stürzende Linien entfallen.
Ist ein erhöhter Kamerastandpunkt erreichbar, so lassen sich auch mit dem 135-mm-Objektiv gute Gesamtübersichten von Architekturen photographieren.
Oft wird durch diese Art der Photographie die Gesamtstruktur der Architektur sichtbar.
Die optische Freistellung einzelner Architekturteile wie Tore, Ornamente, Obelisken, Fresken usw. gelingt unter Verwendung eines 135-mm-Objektives in hervorragender Weise.

++

Ein Idealobjektiv ist das 135 mm, wenn es darum geht, die Proportionen der einzelnen unbelebten Gegenstände innerhalb eines Stillebens in ihrer Form und Wirkung naturgetreu wiedergeben zu können. Dieses gilt sowohl für Stilleben (arrangierte Stills) als auch für sogenannte gefundene Objekte (Objets trouvés) auf Märkten, in Architekturen und Landschaften.

++

Als Experiment bietet sich beim 135-mm-Teleobjektiv an, Verwischungen durch absichtliches Verreissen der Kamera während der Aufnahme selbst bei kurzen Belichtungszeiten zu erreichen.
Ein weites Feld zum Experimentieren mit dem 135 mm bietet auch der Bereich der Gestaltung mit Schärfen und Unschärfen.
Gezielt lassen sich vom Vordergrund bis zum Hintergrund Motive bzw. Motivteile in die verschiedenen Schärfezonen legen.

223
276
13

300 mm

Teleobjektive

200/300 mm

Wie wir mit einem Fernglas Dinge in der Ferne betrachten, so photographieren wir sie mit einem Teleobjektiv. Dabei bewährt sich die geringe Schärfentiefe des Teleobjektives besonders bei Tier- und Landschaftsaufnahmen.
Gute Lichtverhältnisse und die Verwendung eines Statives erlauben aber auch Aufnahmen mit grösserer Ausdehnung der Schärfentiefe. Gerade strukturreiche Motive, wie der Blick über den Strand mit den Strandkörben, verlangen nach Detailschärfe.

200 / 300 mm

In der Gruppe der langen Brennweiten, der Teleobjektive, bilden die Brennweiten 200 mm und 300 mm den Anfang. In der heutigen Objektivbauweise sind diese Objektive noch relativ leicht und handlich.
Im allgemeinen haben die 200 mm als grösste Blendenöffnung 4,0 und die 300-mm-Objektive 5,6. Jeder Gewinn in Richtung Lichtstärke (z. B. 2,8/200 mm) geht sehr deutlich zu Lasten eines höheren Gewichtes.
Die Entscheidung für diese eine Blende als «Lichtreserve» sollte vor allem in der Einschätzung der Verwendung der langen Brennweite erfolgen. Will man grundsätzlich eine grössere Anzahl von Objektiven zur freien Anwendung haben (und auch mitnehmen), ist sicherlich jede Gewichtseinsparung zu begrüssen.
Sind jedoch genaue Vorstellungen an die Verwendung der längeren Brennweiten vorhanden (z. B. Tierbeobachtung

200 mm

in freier Wildbahn, im Wald oder Aufnahmen bei Pop- und Jazz-Konzerten usw.), wird die lichtstärkere Optik oft bevorzugt werden. Die geringe Grösse dieser Objektive ver-

300 mm

300 mm

200 mm

führt oft zu leichtsinnigen Arbeiten aus der freien Hand. Als Faustregel sollte jedoch beachtet werden, möglichst keine längeren Belichtungszeiten als 1/250 Sekunde zu wählen.
Jede längere Belichtungszeit aus der Hand beinhaltet die extreme Gefahr der Verwacklungsunschärfe und sollte nur in Notfällen versucht werden.

300 mm

Der freie Einsatz des 200 mm oder 300 mm ist also an sehr gute Lichtverhältnisse oder an die Verwendung höher empfindlicher Filme gebunden, wenn man nicht immer an den Grenzwerten «offene Blende 1/250 Sekunde» arbeiten will. Ansonsten ist die Verwendung eines Statives unbedingt anzuraten.
Wie bei anderen Brennweiten schon mehrfach erwähnt, ist auch für diese Objektive eine «Kennenlern-Reise» unter alleiniger Mitnahme des 200 mm oder des 300 mm zu empfehlen. Ist der Wunsch, Menschen zu photographieren, durch die Scheu des «Herangehen-Müssens» gehemmt, kann z.B. die Verwendung des 200-mm-Teleobjektives ein erster Schritt sein, diese Scheu zu überwinden.

200 mm

200 mm

Das Gestaltungsmittel der optischen Trennung verschiedener Bildebenen durch Schärfe und Unschärfe ergibt sich bei den langen Brennweiten – zumindest im Nahbereich – nahezu automatisch. In den Bildbeispielen ist dieses vor allem bei den Porträts sichtbar. Bei Tieraufnahmen kann es teils unmöglich sein, näher heranzukommen, oder die Scheu der Tiere empfiehlt die Anwendung des Teleobjektives. Der Wolf im Zoo, die Katzen auf dem Dach und die Möwen vor den Wellen sind Bilder, die diesen Problemkreis nur andeuten. Nicht immer ist es leicht, einen günstigen erhöhten Standpunkt zu finden, der eine störungsfreie Sicht auf ein interessantes Objekt oder auf eine Landschaft ergibt. Hierzu die Bilder der Silhouette von S. Gimignano mit dem Vogelschwarm und dem Flugzeug (mit Stativ), Schafherde auf der Strasse (leider ohne Stativ aufgenommen!), der Angler mit grosser Welle und die sparsam komponierte Landschaft der Toskana.

200 mm

200 mm

300 mm

300 mm

Mit leichtem Blick von unten nach oben entstanden die Bilder der Laterne und das rennende Kind auf der Brücke. Die experimentelle Anwendung der langen Brennweiten kann sowohl in gestalterischer Abstraktion liegen (wie etwa das Architekturdetail der zwei

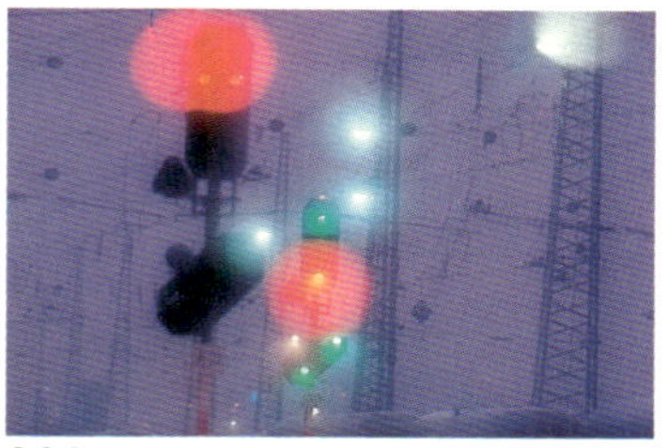

300 mm

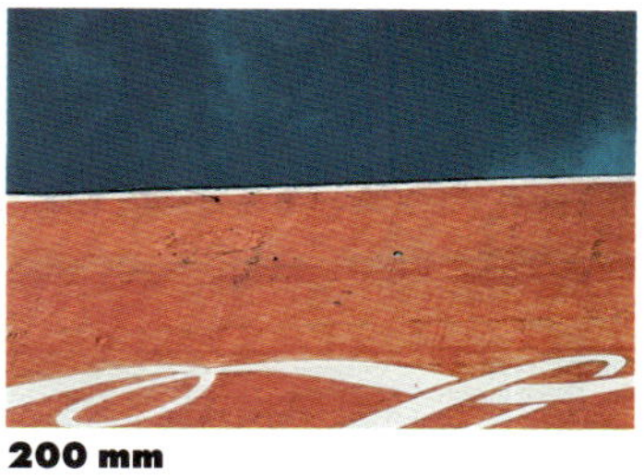

200 mm

200 mm

Häuser oder die sehr verfremdete Coca-Cola-Werbewand) als auch in verschiedener Art von Unschärfen. Bei dem Mann mit Schirm war es lediglich eine etwas längere Belichtungszeit bei leichtem Mitziehen, während bei den Bahnsignalen die 12 Sekunden Belichtungszeit, zur Hälfte auf das Motiv scharf eingestellt, zur anderen Hälfte auf totale Unschärfe gedreht, vom Stativ erfolgten.

300 mm

200 / 300 mm

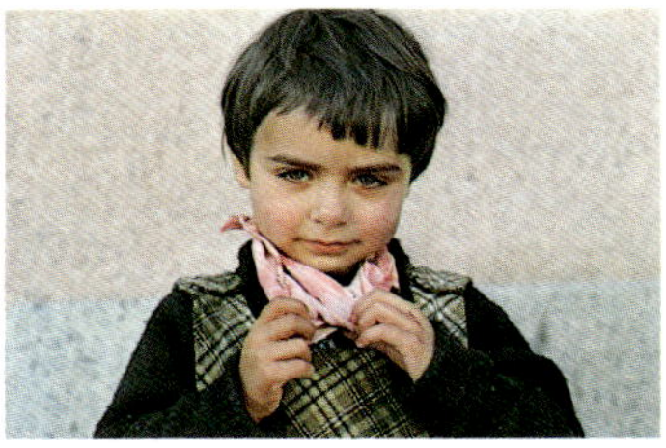
Porträt/Halbfigur

Figur/Gruppe

Landschaft

Pflanzen

++

Der sehr kleine Bildwinkel (12 Grad bzw. 8 Grad) und die damit verbundene geringe perspektivische Abbildungstiefe bei Verwendung eines 200- oder 300-mm-Objektivs setzen einen sehr sparsamen Gebrauch dieser Brennweiten im Porträtbereich voraus. Die 200- bis 300-mm-Brennweiten verflachen in zunehmender Weise die Plastizität eines Gesichtes.
Dies kann, besonders, wenn ein eher liebliches Porträt entstehen soll, von grossem Nutzen sein. Bei Aufnahmen mit einem 200- bis 300-mm-Teleobjektiv können unvorteilhafte Gesichtszüge kaschiert werden.
Auf die Möglichkeit der Gestaltung von Gesichtslandschaften bei entsprechendem Aufnahmewinkel sei verwiesen.

+

Teleobjektive mit Brennweiten von 200 bis 300 mm kommen dann zum Einsatz, wenn es gilt, Gruppenformationen oder Gruppenstrukturen optisch zu verdichten. Die Grösse einer Versammlung lässt sich auf diesem Wege besonders dann illusionieren, wenn formatfüllend photographiert wird.

+++

Ein grosser Unterschied zwischen der Aufnahme mit einem Objektiv kurzer Brennweite und der Aufnahme mit Brennweiten von 200 bis 300 mm im Landschaftsbereich besteht in folgendem:
Bei zunehmender Brennweite und der damit gleichzeitigen Verringerung des Bildwinkels nehmen die Unterschiede im Abbildungsmassstab zwischen den verschiedenen Motivebenen ab.
In der Landschaftsphotographie hat es die Bedeutung, dass bei Aufnahmen mit Teleobjektiven stets eine optische Verflachung der Landschaft stattfindet.
Soll also die Struktur der Landschaft oder ihre Musterung, weniger aber ihre Tiefe, dargestellt werden, so sollten die 200- bis 300-mm-Wechselobjektive angewendet werden.

+

Objektive von 200 bis 300 mm Brennweite sind gut einsetzbar, wenn freistehende Bäume oder Pflanzen photographiert werden sollen. Diese Objektive eignen sich gleichermassen aber auch dazu, Ausschnitte aus weiter entferntem, vielleicht sogar nicht erreichbarem Pflanzenbewuchs zu photographieren. Dabei verliert das Motiv weitestgehend seine Tiefenwirkung, die abgebildeten Pflanzen werden flach und strukturiert wiedergegeben.
Bei der Aufnahme einzelner freistehender Pflanzen werden der Hintergrund und der Vordergrund optisch fast auf eine Ebene gerafft. Diese Tatsache ermöglicht bei geringer Abblendung des Objektivs eine gestalterische Einbeziehung des unscharfen Vordergrundes in das Gesamtsujet.

Tiere

Architektur

Stilleben

Experiment

+++

Wie wir mit einem Fernglas Tiere beobachten, die sich in einiger Entfernung von uns befinden und wie diese Tiere ihr Verhalten ändern würden, befänden wir uns in ihrer Nähe, genauso verhält es sich bei der Benutzung von Teleobjektiven etwa mit 200 bis 300 mm Brennweite.
Der Wunsch, eine solche Tierbetrachtung aus sicherer Distanz auch fixieren zu können, erfüllt sich bei Beachtung einiger Regeln. Zum ersten empfiehlt es sich dringend, stets ein Stativ zu benutzen, da die Verwacklungsgefahr sonst sehr gross ist. Weiter sollten die Luftverhältnisse beachtet werden, da Staub, Nebel usw. durch die Verdichtung des Teleobjektivs zu störendem Bildeinfluss führen können. Ausserdem ist einige Übung nötig, um das «Fernrohr» wirklich so führen zu können, dass der gewünschte Motivausschnitt auch tatsächlich erzielt wird.

++

Architekturphotos sollten etwas über die Charakteristik, den Zweck oder einfach die Schönheit der Architektur aussagen.
Das kann zum einen durch eine weitflächige, tiefenbetonte Weitwinkelphotographie erfolgen, zum anderen sich aber durch gezielte, unter Umständen wiederholende ausschnitthafte Architekturphotographie ausdrücken.
Die Teleobjektive 200-mm- bis 300-mm-Brennweite eignen sich dazu, die Architektur aus einem extremen Bildwinkel (Schrägsicht, Untersicht, Obersicht) so aufzunehmen, dass eine interessante Verdichtung und Staffelung der Architekturteile abgebildet wird.
Die Herausnahme einzelner Architekturteile und deren optische Freistellung mit Hilfe von 200-mm- bis 300-mm-Wechselobjektiven verdeutlicht die Gesamtkonzeption einer Architektur.

+

Im Stillebenbereich sind die Teleobjektive 200 mm bis 300 mm nur bedingt einsetzbar. Vereinzelt lassen sich gefundene Stilleben in einiger Entfernung mit diesen Objektiven aufnehmen, wobei oft Vordergrundunschärfen mit in Kauf genommen werden müssen.

++

Das Spielen und Experimentieren mit den verschiedenen Schärfezonen (Vordergrund-/Hintergrund-Unschärfe) verspricht bei den Wechselobjektiven des Telebereichs 200-mm- bis 300-mm-Brennweite besonders gute Bildergebnisse. Aufschlussreich sind weiter Experimente in bezug auf die Möglichkeit der Verschiebung von Grössenverhältnissen.

APO 600 mm

Superteleobjektive

400/600 mm

Die extrem kleinen Bildwinkel dieser Brennweiten (4 bzw. 6 Grad) reduzieren das Blickfeld auf etwa vier Quadratzentimeter, aus einer Entfernung von 50 cm betrachtet. Um nun das Kleinbildformat mit einer solchen Aufnahmefläche zu füllen, müssen die Motive stark vergrössert abgebildet werden, dabei wird die Perspektive so verdichtet, dass im Bild praktisch keine Tiefe vorhanden ist. Haupteinsatzgebiete: Sport-, Landschafts- und Tierphotographie.
Die nahezu unwirkliche Grösse der Sonne im Bildfeld des 24 × 36-mm-Kleinbildformates bei der Anwendung des 600-mm-APO-Objektives wird bei der Abendaufnahme der Teilansicht von Siena deutlich.

400 / 600 mm

Sehr extreme Teleobjektive bilden eine weitere Objektivgruppe, die nur selten ein absolutes «Muss» in einer Photoausrüstung sind. Am wichtigsten dürften diese langen Brennweiten für diejenigen Photographen sein, die sich auf Tierphotographie oder auf Sportphotographie spezialisiert haben.

Der preiswerteste Weg, um überhaupt einmal das Arbeiten und die Sehweise mit Brennweiten von 400 mm und 600 mm kennenzulernen, ist die Anschaffung eines Telekonverters.

Da ja zumindest ein 200-mm-Objektiv in die Ausrüstung eines (engagierten) Photographen gehört, kann mit einem Telekonverter (der die Brennweite verdoppelt) ein beachtliches 400-mm-Objektiv erreicht werden.

Die optische Qualität der Telekonverter führenden Marken ist heute vergleichsweise sehr gut, doch können sich das 200 mm und das 300 mm, mit einem Telekonverter zum 400 mm und 600 mm verlängert, nicht mit der optischen Qualität der Apochromaten 400 mm und 600 mm messen. Apochromate sind Objektive, die für drei Wellenlängen des Lichtes korrigiert sind. Dadurch wird eine Kontraststeigerung erreicht, so dass z. B. Unschärfen durch Luft- und Hitzeflimmern z. T. unterdrückt werden und eine hohe Abbildungsleistung selbst in den feinsten Details erreicht wird.

APO 600 mm

APO 600 mm

APO 400 mm

Dennoch bleiben mit Dunst, Luftfeuchtigkeit, Nebel, Staub usw. vor allem bei der Landschaftsphotographie noch genügend «natürliche» Schwierigkeiten für das Arbeiten mit den extrem langen Brennweiten übrig.

Eine weitere Hauptsorge beim Arbeiten mit den extremen Teleobjektiven muss der Verwacklungsgefahr gelten. Ohne Schulterstativ lassen sich kaum längere Verschlusszeiten als 1/500 Sekunde erreichen.

APO 600 mm

400 mm

Beim Mitziehen mit einer Bewegung (z. B. ein laufendes Tier, ein rennender Mensch, Schnappschüsse beim Fahrradrennen, beim Autorennen usw.) können – mit Erfahrung und dem notwendigen «Photoglück» – auch bei Belichtungszeiten von 1/250 Sekunde oder sogar 1/125 Sekunde interessante, ins experimentelle gehende Arbeiten entstehen.

Im allgemeinen ist jedoch dringend anzuraten, mit langen Brennweiten und besonders bei Objektiven von 400 mm und mehr nur vom Stativ zu arbeiten.

600 mm

Naturgemäss sind die extremen Teleobjektive nicht sehr lichtstark (Apo 400 mm/f 5,6, Apo 600 mm/f 6,3), und auch die Telekonverter reduzieren die jeweilige Lichtstärke um 2 Blenden. Sofern man nicht mit höherempfindlichem Film arbeitet, wird man bei schnelleren Zeiten häufig mit offener oder fast geöffneter Blende arbeiten müssen. Dies bedingt dann ein sehr exaktes Scharfeinstellen auf den bildwichtigsten Teil, da die allgemeine Schärfentiefe bei langen Brennweiten bekanntlich weit geringer ist. Neben dem Blick in die Ferne, in die Höhe oder – bei hohem Standpunkt – in die Tiefe, eignen sich die langen Brennweiten auch für enge Ausschnitte und Abstraktionen im näheren Bereich.
Der Bildwinkel beträgt beim 400 mm 6,2 Grad diagonal und beim 600 mm 4,2 Grad diagonal. Die Bildbeispiele sind mit apochromatisch korrigierten Teleobjektiven (unter den Bildern mit Apo 400 mm und Apo 600 mm bezeichnet) und mit dem 200 mm plus Telekonverter und dem 300 mm plus Telekonverter (bezeichnet mit 400 mm und 600 mm) aufgenommen.

600 mm

APO 400 mm

Die Handlichkeit und das geringe Gewicht der Kombination mit dem Telekonverter verführen zu leicht zu Aufnahmen aus der Hand – doch sollte man dann wenigstens nach einer Möglichkeit des Auflegens suchen. Die Bilder «Grüne Landschaft mit Hof» und «Domkuppeln, Gurk» sind so entstanden.

APO 400 mm

400 mm

400 mm

Auch die Aufnahmen des Verkehrspolizisten sind ohne Stativ aus einem stehenden Kleinbus aufgenommen.
In Ruhe und sorgfältig vom Stativ aus komponiert sind hingegen alle weiteren Bilder – vorrangig mit den grossen und gewichtigen Apo-Teleobjektiven.
Interessant das Bildpaar vom Sonnenuntergang in der Toskana mit dem schon beachtlichen Sonnenball mit dem 400 mm und der noch grösseren Kugel, die mit dem 600 mm erreicht werden kann. Nicht alle Motive bieten Anhaltspunkte, die auf die Anwendung extrem langer Brennweiten schliessen lassen. Dies könnte bei den Aufnahmen vom erhöhten Standpunkt (Felder und Weg, Ringelreihen am Strand) sowie vor allem bei den Wolken- und Regenbogen-Motiven nur durch eine Vergleichsaufnahme (z.B. mit dem 50 mm) gezeigt werden.

400 mm

400 / 600 mm

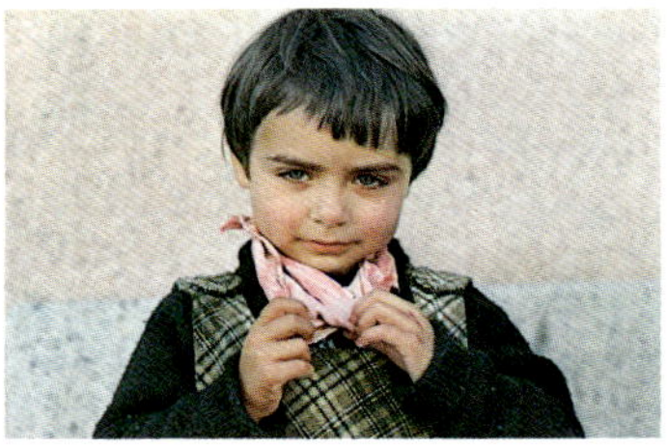
Porträt/Halbfigur

Figur/Gruppe

Landschaft

Pflanzen

+

Die aus dem Bereich der bildenden Kunst stammende Umschreibung, nach der ein Porträt die Darstellung eines Menschen unter Hervorhebung seiner individuellen Merkmale fordert, lässt ein Arbeiten mit den langen Brennweiten 400–600 mm durchaus zu.
Die hervortretenden Gesichtspartien werden durch die milde perspektivische Abbildung zurückgedrängt. Eine ungünstige Überbetonung oder Überzeichnung charakteristischer Gesichtszüge unterbleibt.
Die Aufnahmesituation selbst gestaltet sich allerdings sehr schwierig, da sich das Modell auf eine grosse Distanz nur innerhalb eines sehr kleinen Bildwinkels bewegen kann.

Eine Gruppe mit Objektiven der Brennweiten 400–600 mm aufnehmen zu wollen, darf doch schon als «abenteuerlich» bezeichnet werden. Auf eine derart grosse Aufnahmeentfernung lassen sich kaum photographische Regieanweisungen geben, so dass die willkürliche Abbildung der Gruppe das Bildergebnis darstellen würde. Ausserdem treten doch auch technische Mängel in Erscheinung, was die photographische Wiedergabe auf einer Schärfenebene anbelangt. Diese geringe Schärfentiefe ist optisch auf Grund der Abbildungseigenschaften langer Brennweiten vorgegeben. Zwar besteht die Möglichkeit, die 400–600-mm-Wechselobjektive bis zu Blende 32 abzublenden, doch entzieht ein solcher Vorgang die letzte Chance, mit diesen Objektiven Gruppenbilder zu erstellen. Denn dann würden die Lichtverhältnisse kaum eine für Gruppenaufnahmen notwendige kurze Belichtungszeit zulassen.

+++

Die extremen Brennweiten des Telebereichs sind angesprochen, wenn wesentliche Teile eines Gesamtsujets freigestellt oder isoliert werden sollen.
Daraus ergibt sich stets eine sehr grossflächige und damit gleichsam plakative Darstellung von Landschaft. Die Bildaussage kann auf diesem Wege drastisch gesteigert werden, da grundsätzlich abstrahierende Mechanismen Spannungen erzeugen.
Eines gilt es bei den langen Brennweiten besonders zu beachten, das sind die Witterungsverhältnisse. Dunst, Nebel und Staub treten bei den besprochenen Brennweiten besonders störend in Erscheinung.

+

Gute Bildergebnisse lassen sich im pflanzlichen Bereich mit den 400- und 600-mm-Objektiven auch beim Photographieren einzelner Details erzielen. Die dem Auge ohne diese optischen Hilfsmittel sonst verborgen gebliebenen Sinneseindrücke führen nicht selten zu bestechenden Bildlösungen. Die Ursache liegt wiederum in der stark von der menschlichen Wahrnehmungsfähigkeit abweichenden Perspektive der extremen Teleobjektive.
Die objektivbedingte Raumraffung bei 400- und 600-mm-Brennweiten eröffnet die Möglichkeit, Pflanzen innerhalb des Bildes auf interessante Art gestaffelt abzubilden. Die räumliche Komprimierung und die Abwesenheit prägnanter perspektivisch bedingter Grössendifferenzen lassen auf solchen Photographien Pflanzen dicht gedrängt erscheinen, obwohl sie sich in der Realität in grösseren Abständen zueinander befinden.

Tiere

Architektur

Stilleben

Experiment

+++

Ein wichtiger Aspekt innerhalb der Tierphotographie, der bisher nicht angesprochen wurde, ist der einer bestimmten Fluchtdistanz bei frei lebenden Tieren.
Diese Distanz nimmt mit der Grösse der entsprechenden Tiere zu, hängt aber auch mit der spezifischen Scheu des betreffenden Tieres zusammen. Ein Reh beispielsweise, welches zu photographieren wäre, hat eine Fluchtdistanz von minimal 100 Metern, eine Meise dagegen maximal nur 2 Meter.
Daraus ergibt sich, dass die abzuschätzende Entfernung vom Tier und die sich daraus ergebende Überlegung, welche Objektivbrennweiten zum Einsatz kommen sollen, bereits vor der Aufnahme ermittelbar ist.
Nicht selten ist der Griff zum 400- oder 600-mm-Objektiv dann angezeigt. Die Verwendung eines Statives ist dringend anzuraten. Nur Geübte werden auf längere Sicht auch mit einem Schulterstativ auskommen.

++

Mit Objektiven der Brennweiten 400–600 mm gibt es innerhalb der Architekturphotographie eine Anzahl von möglichen Bildkompositionen. Zum einen ist die Abstraktion der sich im Nahbereich befindenden Architekturteile möglich, zum anderen lassen sich auf grössere Entfernung ganze Architekturfassaden verzeichnungsfrei abbilden.
Bei sehr engen Ausschnitten der Architekturen, die ja mit diesen Wechselobjektiven 400 und 600 mm leicht zu erreichen sind, lassen sich bestechende Kompositionen von Flächen und Formen photographieren.
Ein weiterer interessanter Aspekt ist die gross aufgefasste Aufnahme plastisch modulierter Überschneidungen von Architekturdetails.
Nicht zuletzt sei auf die hervorragenden Abbildungseigenschaften dieser extremen Teleobjektive verwiesen, wenn es darum geht, Architekturen in ihrer Gesamterscheinung aus einer grossen Entfernung aufzunehmen.

Das Photographieren von Stilleben mit 400- und 600-mm-Objektiven gibt eine solche Fülle von Problemen auf, dass daher besser auf andere Objektivbrennweiten zurückgegriffen werden sollte. Die Schwierigkeiten fangen bei dem meist fehlenden, aber notwendigen Aufnahmeabstand an und enden schliesslich bei Schärfentiefenproblemen.

++

Das Experimentieren mit den 400- und 600-mm-Objektiven unterscheidet sich nicht wesentlich von den anderen Objektiven aus dem Telebereich. Jedoch sind besonders bei dem 600-mm-Objektiv der Bildwinkel und der Ausschnitt an einer solchen Dimension angelangt, dass sich Versuche mit diesem verknappten Realitätsausschnitt sicherlich lohnen.

7,5 mm Fisheye

Fisheye

7,5 mm

Durch seine kreisrunde Abbildung mit einem Durchmesser von 23 mm im Zentrum eines Kleinbildformates (24 × 36 mm) ist das 7,5-mm-Fisheye in seiner Anwendung und Betrachtung unverwechselbar. Besonders interessant dürfte bei diesem Superweitwinkel, durch die Überhöhung der perspektivischen Darstellung, die Möglichkeit der Tiefenstaffelung in der Bildgestaltung sein.
Die Anwendung dieses – fast selbständig gestaltenden – Objektives sollte man jedoch sehr in Grenzen halten. Der optische Überraschungs-Effekt nutzt sich zu schnell ab. Als Experiment gesehen, lässt sich das 7,5-mm-Fisheye sogar in der figürlichen Darstellung einsetzen.

7,5 mm

In der Gruppe der Sonderobjektive ist das 7,5-mm-Fisheye sicherlich eines der extremsten Objektive. Durch seine kreisrunde Abbildung mit einem Durchmesser von 23 mm im Zentrum des Kleinbildformates (24 × 36 mm) ist es in seiner Anwendung unverwechselbar und erkennbar für jeden Betrachter. Fisheye-Objektive dieser Brennweite haben eine feste Schärfeneinstellung (Fixfokus) und selbst bei Arbeit mit offener oder weit geöffneter Blende (z. B. Blende 4,0) einen Schärfentiefenbereich von 50 cm bis Unendlich (∞).

Da die Blenden der 7,5-mm-Objektive meist bis Blende 22 reichen, kann man bei guten Lichtverhältnissen und bei

7,5 mm

entsprechendem Abblenden noch bedeutend dichter an Motivobjekte herangehen.

Der Bildwinkel von 180 Grad diametral (auf dem Durchmesser sich befindend) ergibt vorrangig das Problem, dass häufig Finger, Füsse, Jackenärmel und -zipfel, Kamerariemen, Kameratasche usw. vom Photographen unbemerkt in das Bildfeld hineinragen und als störende Elemente mit abgebildet werden.

Die optische Verzeichnung der Motive ist je nach Anwendung des Objektives (waagerecht gehalten, senkrecht nach oben oder nach unten gehalten, schräg nach oben oder nach unten gekippt) und nach der Auswahl der Motive (z. B. grosse Weite oder naheliegende Objekte) verhaltener oder intensiver. In jedem Falle ist die Bildwirkung jedoch extrem abweichend von unserer normalen Sehweise. Der Benutzer des 7,5-mm-Fisheye weiss also von vorneherein, dass ihm der grösste Teil der Gestaltungsmöglichkeiten durch das Objektiv selbst vorweggenommen wird.

7,5 mm

7,5 mm

7,5 mm

7,5 mm

Grob formuliert könnte man fast sagen, dass die Anwendung des extremen Fisheye ausschliesslich experimentellen Charakter hat.
Dem Photographen bleibt in jedem Fall jedoch noch der kreative Moment der Motivwahl sowie ein enger Bereich der formalen Beeinflussung.
Der Motivauswahl kommt grosse Bedeutung zu. Sie ist deshalb so wichtig, da der Überraschungseffekt der fremdartigen Wirkung eines jeden mit dem 7,5 mm aufgenommenen Motives sich sehr schnell abnutzt. Dadurch haben nur wirklich ausdrucksstarke und gekonnte Bilder einen dauerhaften Bestand.
Jede gerade Linie – ob Waagerechte, Senkrechte, Diagonale oder Schräge – wird im Bildfeld nur dann ohne Verkrümmung abgebildet, wenn sie absolut durch den Mittelpunkt des Kreises führt.
Alle Landschaften, die neben dem geraden, auf Bildmitte komponierten Horizont nur aus freien Formen bestehen, wirken noch sehr natürlich. Die Motive sehen eher aus wie maskiert oder als ob man durch ein rundes Fenster sehen würde. So etwa bei der Strandlandschaft mit Felsen oder bei dem Bild der Düne mit blauem Himmel und weissen Wolken.
Auch die Aufnahme in einem Schwimmbad hat auf den ersten Blick einen geraden «Horizont», doch bei näherem Betrachten erkennt man zahlreiche Verzeichnungen.

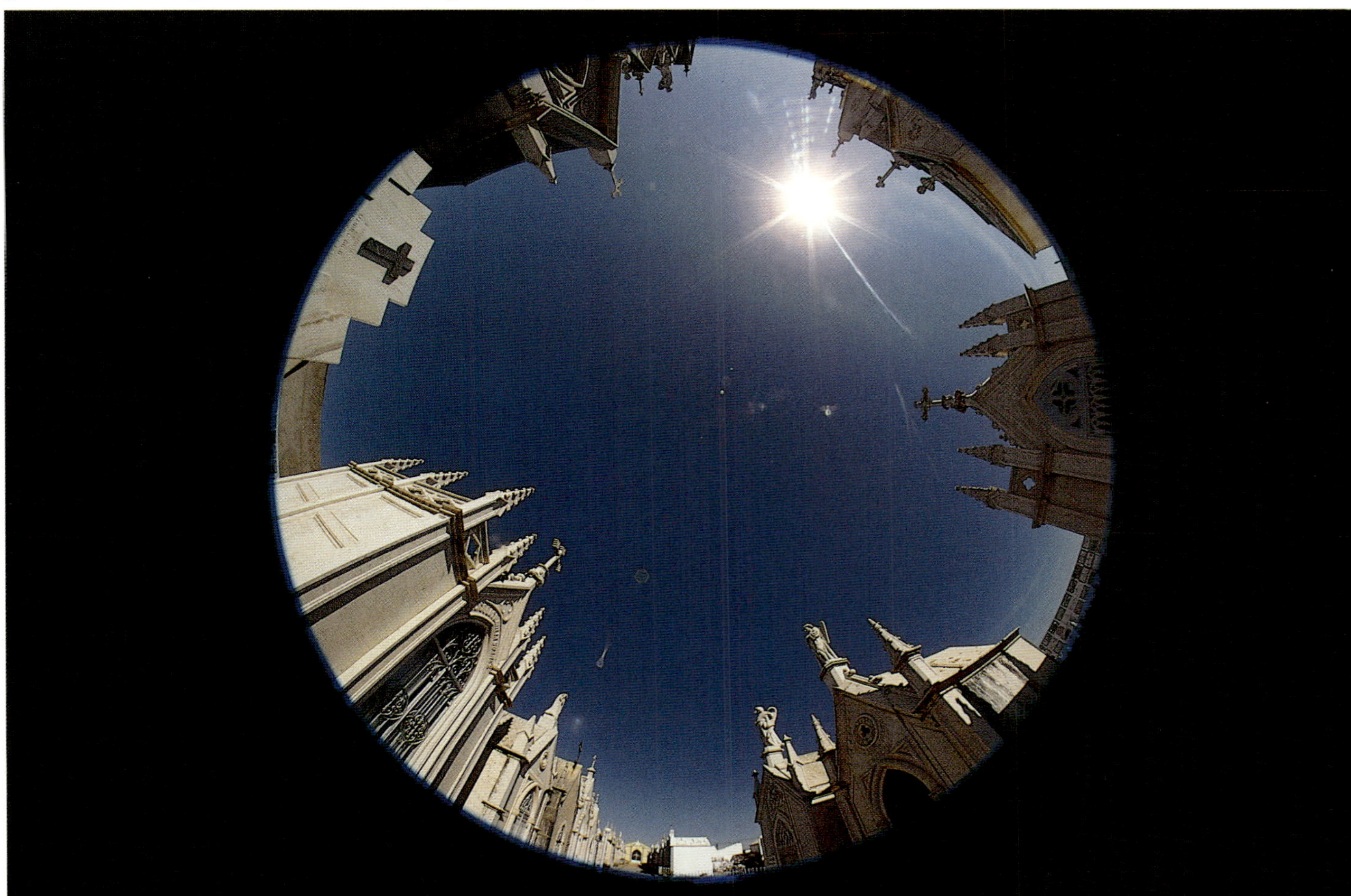

7,5 mm

Häufig muss man, will man auf die Aufnahme nicht ganz verzichten, den eigenen Schatten als kompositorisches Element mit in die Bildgestaltung einbeziehen – sei es zentral (wie im Schwimmbad), kräftig (wie in dem portugiesischen Dorf) oder verhalten (wie bei der Düne).

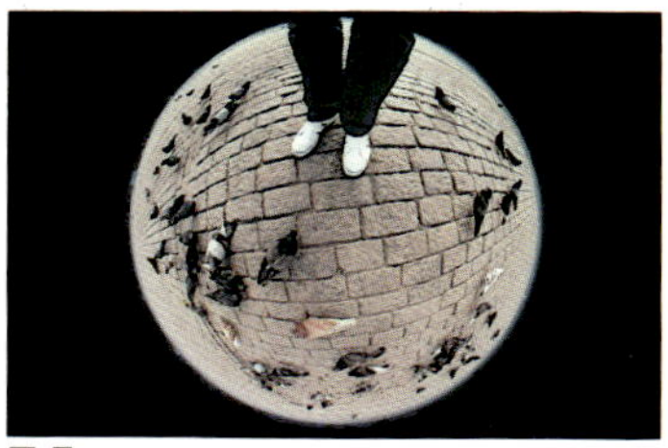

7,5 mm

Auch bei Aufnahmen von spiegelnden Flächen wie Glasscheiben usw. kann sich der Photograph nur selten aus dem Bild heraushalten. Bei der Aufnahme einer modernen Schaufenster-Dekoration wurde der Umriss der eigenen Figur geschickt benutzt, um die bildwichtigsten Teile – die Puppen – zu betonen.

Der Blick «senkrecht nach oben» lohnt sich vor allem dann, wenn hochragende Objekte (Bäume, Häuser usw.) relativ dicht beieinander stehen. Oftmal kann die Bildwirkung enorm gesteigert werden, wenn man sich zur Aufnahme flach auf den Rücken legt – also noch etwa 1,50–1,80 m mehr «Abstand» vom Motiv gewinnt. Die Aufnahme auf einem kleinen portugiesischen Friedhof wurde aus der

7,5 mm

Hocke heraus gemacht (Blende 22 ohne Belichtungskorrektur).

Interessante Bilder entstehen, wenn man runde Motive genau zentral in den Kreis komponiert. Beherrschende Wirkung kommt dann Form und Farbe zu, wie bei dem roten Sonnenschirm. Die kreisförmige Gruppierung der Architekur rund um den Schirm wird eher als witzig, denn als störend empfunden.

7,5 mm

Auch der Blick nach unten wird – selbst aus dem normalen Stand heraus – zum «formalen Abenteuer». Dabei muss man meist seine eigenen Füsse/Beine voll in die Gestaltung einbeziehen wie bei der Aufnahme mit den Tauben.
Von vorne in das Bild hineinra-

7,5 mm

7,5 mm

7,5 mm

gende Objekte sind ein weiteres, interessantes Gestaltungsmoment. Beispiele hierfür sind der rot-weiss gestreifte Liegestuhl und die Bootsspitze. Nähert man sich mit der Kamera am Auge einem Motiv, ist man häufig überrascht, wie nahe man mit dem 7,5-mm an die Objekte herangehen muss, um störendes Umfeld auszuschliessen. Oft ist der Photograph dabei fast im Kontakt mit Motivteilen wie z. B. bei den Aufnahmen der Schilfhalme oder bei der Innenaufnahme in einer Markthalle.

7,5 mm

7,5 mm

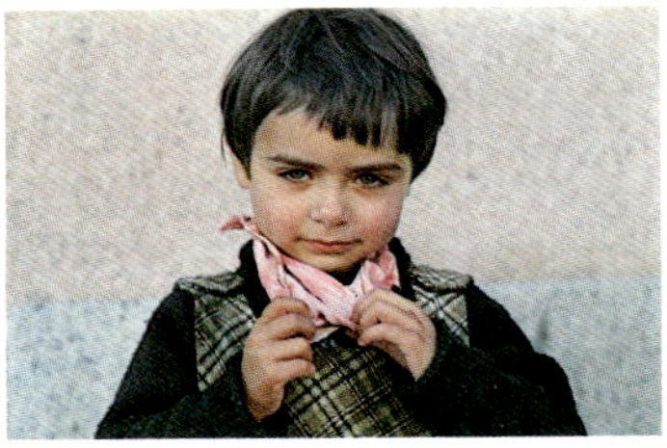

Porträt/Halbfigur

Figur/Gruppe

Landschaft

Pflanzen

Das Fisheye-Objektiv mit seiner Brennweite von 7,5 mm ist nicht dazu geeignet, Porträtaufnahmen zu erstellen. Sein grosser Bildwinkel von bis zu 180 Grad lässt durch überzogene Perspektive alle näher am Objektiv befindlichen Motivteile extrem gross im Vergleich zu dem unmittelbar dahinter Liegenden erscheinen.
Nase, Mund, Augen und Ohren werden, obwohl sie sich innerhalb einer kurzen Distanz befinden, unvorteilhaft abgebildet. Beispiele solcher Photos, die natürlich auch Heiterkeit erzeugen können, sind ja bekannt.

Die Chance, mit Hilfe des 7,5-mm-Fisheye-Objektivs zu einem überzeugenden Bildbeispiel im Motivbereich Figur/Gruppe zu gelangen, ist gering.
Ist in Ausnahmefällen eine sehr grosse Gruppe zu photographieren, so kann der Einsatz eines Ultra-Weitwinkels durchaus in Betracht gezogen werden.

++

Landschaftsphotographie ist ein Bereich, der in das Einsatzfeld des Objektives mit 7,5 mm Brennweite fällt. Die Landschaft wird in der ganzen Weite mit einem Bildwinkel von 180 Grad abgebildet. Dabei entsteht, im Gegensatz zur Anwendung eines Superweitwinkels, wie das 17 mm eines ist, eine durch die kreisförmige Abbildung beeinflusste, ungewöhnliche Motiv- und spätere Bildwirkung der Landschaft.
Die Besonderheit liegt darin, dass die im Zentrum des Bildes befindlichen Motivteile radial, das heisst, alle ausserhalb der Motivmitte befindlichen Geraden gekrümmt, abgebildet werden. Das führt bei nur leichter Verkantung der Kamera zur Illusionierung einer kugelförmigen Abbildung der Landschaft. Ein grosser Vorteil beim Photographieren mit dem Objektiv 7,5 mm Brennweite liegt darin, dass durch den grossen Schärfentiefenbereich eine besonders interessante Gestaltung auch des Vordergrundes gelingen kann.

+

Im pflanzlichen Sektor ist ein Fisheye-Objekiv dann verwendbar, wenn nicht eine einzelne Pflanze geringen Ausmasses abgebildet, sondern eine komplexe Pflanzenfläche zu einem Bildresultat führen soll.
Auch hier bietet die grosse Schärfentiefenabbildung des Objektivs die Möglichkeit, sich dem Pflanzensujet auf kurze Distanz zu nähern, um auf diesem Wege zu einer Geschlossenheit der pflanzlichen Abbildung zu gelangen. Pflanzenformationen und Charakteristik des Pflanzenwuchses lassen sich mit Hilfe des 7,5-mm-Objektivs herausarbeiten oder gar steigern.

Tiere

Architektur

Stilleben

Experiment

Der Versuch, Tiere mit einem Objektiv von 7,5 mm Brennweite aufzunehmen, misslingt in den meisten Fällen.
Die Gründe liegen darin, dass die erforderliche Nähe zum Tier meist nicht oder nicht lange genug zustande kommt und gleichzeitig die perspektivische Abbildung dem Tierkörper in keiner Weise gerecht wird.

+

Grundsätzlich kann auch im Bereich der Architekturphotographie ein Fisheye-Objektiv mit 7,5 mm Brennweite zum Einsatz kommen. Wenn auch zunächst von der Kenntnis der Eigenschaften dieses Objektives her gesehen (diametrale und radiale Abbildung und Fix-Fokus-Einstellung) eine Verwendung ausgeschlossen wird, so kann doch bei intensiver Arbeit mit diesem Objektiv an Architekturen das eine oder andere interessante Bildergebnis entstehen. Besonders die perspektivische Abbildung des 7,5-mm-Objektivs mit der damit verbundenen grossen Tiefenwirkung ermöglicht die plastische, allerdings eine in Teilen stark verzeichnete Darstellung einer Architektur.

+

Hervorzuheben ist hier wiederum die Möglichkeit, sich mit dem 7,5-mm-Fisheye im Nahbereich dem Motiv bis auf kurze Distanz nähern zu können, ohne dass dabei die Hintergrundschärfe beeinträchtigt würde.
Dieser Umstand ist ja besonders beim Photographieren von Stilleben von grossem Vorteil, wenn man die Bereitschaft zeigt, eine Verschiebung der Grössenverhältnisse innerhalb des Stillebens in Kauf zu nehmen.

+++

Ist der Experimentalbereich angesprochen, so ist eigentlich die Verwendung eines 7,5-mm-Objektivs schon so weit Experiment, als dass hier auf Grund der verschobenen Abbildungseigenschaften die Spannweite zu experimentieren sehr gross ist.
Besonders interessant dürfte, bedingt durch die starke perspektivische Dehnung des optischen Bildes, die Möglichkeit der Tiefenstaffelung sein. Von im Vordergrund riesig erscheinenden Motivteilen bis zu real nah dahinter liegenden, wesentlich kleiner erscheinenden Inhalten des Sujets.

16 mm Fisheye

Fisheye

16 mm

Zur Abbildung weitflächiger Landschaften und zur Architekturaufnahme mit experimentellem Charakter ist das 16-mm-Fisheye durchaus geeignet. Es zeichnet im Gegensatz zum 7,5 mm die ganze Bildfläche des Kleinbildformates aus, so dass dadurch die Wirkung einer weiten Landschaft im Bild noch enorm gesteigert wird.
Aber auch das 16 mm hat noch seine unumgänglichen Verzeichnungen der waagerechten und senkrechten Linien, wenn diese sich nicht direkt in der Bildmitte befinden. Aus einem geraden Zaun wird dann z. B. eben ein gewölbter, scheinbar halbkreisförmig verlaufender Zaun.

16 mm

16 mm

16 mm

Ist die Verwendung des 7,5-mm-Fisheye-Objektives durch seine kreisrunden Abbildungen in jedem Fall sofort zu erkennen, so ist die Anwendung des 16-mm-Fisheye-Objektives nicht immer auf den ersten Blick sichtbar.
Das 16-mm-Fisheye nutzt die gesamte Bildfläche des Kleinbildformates von 24x36 mm voll aus, und je nach Motivwahl und mehr oder weniger geschickter Anwendung des Objektives ist der Einsatz des 16 mm offensichtlich, weniger auffallend oder sogar kaum erkennbar.
Grundsätzlich werden auch beim 16-mm-Fisheye nur die waagerechten und senkrechten Linien verzeichnungsfrei abgebildet, die direkt auf der waagerechten oder senkrechten Mittelachse liegen. Zu den Bildrändern hin werden alle Linien und Formen tonnenförmig verzeichnet.
Am deutlichsten sichtbar wird diese Verzeichnung natürlich bei absolut geraden Linien, wie z.B. beim Horizont (waagerechte gerade Linie) oder etwa bei einer Laterne oder einem Mast (senkrechte gerade Linien), die, je näher sie an den Rand des Bildes gesetzt werden, immer stärker gebogen werden. Gleichförmige und gleichgrosse Gegenstände oder Formen, die in einer Reihe parallel zur Filmebene angeordnet sind, werden in der Mitte grösser und zum Bildrand (rechts und links) immer kleiner abgebildet.

16 mm

16 mm

Weist das Motiv unterschiedlich grosse Gegenstände mit unterschiedlichen freien Formen oder Linien auf, ist die – doch immer vorhandene – tonnenförmige Verzeichnung des 16-mm-Fisheye-Objektives häufig kaum zu erkennen.

Für jeden Photographen, der seine Kenntnisse und sein Können im Bereich der formalen Gestaltung voll in seine photo-

16 mm

graphische Arbeit einbringen will, kann jedoch selbst eine nur wenig sichtbare gestalterische Beeinflussung des 16-mm-Fisheye-Objektives nur selten willkommen sein. Bestechend ist dagegen der Bildwinkel von 180 Grad (diagonal) bzw. 137 Grad horizontal – über 30 Grad mehr als das extreme Weitwinkel von 17 mm (das allerdings verzeichnungsfrei abbildet).

Jegliche Neigung der Kamera bringt ja die je nach Objektivgruppen kaum sichtbaren (Teleobjektive), weniger auffallenden (Normalobjektive) und stärker bis stark auffallenden (Weitwinkelobjektive) «stürzenden Linien».

Diese stürzenden Linien, die von unserem «normalsichtigen» Auge so empfundene Überbetonung der Perspektive in Linie und Form, treten beim Kippen des 16-mm-Fisheye-Objektives natürlich auch sehr stark auf. Durch die allgemeine tonnenförmige Verzeichnung wird jedoch auch die Perspektive verzerrt, und beides ist mit dem Auge kaum noch zu unterscheiden.

16 mm

16 mm

Wenngleich die Verwendung eines extremen Weitwinkelobjektives wohl immer deutlich sichtbar ist, gibt es unter den Bildbeispielen durchaus einige, denen man den Einsatz des 16-mm-Fisheye-Objektives nicht sofort ansieht.
Allen voran die Totalansicht des oberen Belvedere in Wien. Das Schloss und die Parkanlagen rechts und links bilden nur einen schmalen Streifen auf der waagerechten Mittelachse des Bildes – und alle senkrechten Linien sind so kurz, dass eine Verzeichnung nicht sichtbar ist.
Dem Landungssteg auf Föhr hingegen kann man die Fisheye-Aufnahme eher ansehen, da waagerechte und senkrechte Linien in Bildrandnähe gekrümmt sind. Wenn eine dokumentarische Architekturaufnahme benötigt wird, sollte das 16 mm nur in äussersten Notfällen – z.B. absolut fehlender Abstand zum Motiv – benutzt werden. In jedem Falle «zeichnet» das Fisheye seine eigene Variante einer jeden Architektur.
Am interessantesten sind Blicke aus einem Zentrum senkrecht nach oben. Motive mit Kreisformen, wie der Vorhof der Burg in Steyr, oder in avantgardistischer Bauweise, wie die Glas-/Stahl-Architektur des Franz-Josef-Bahnhofes in Wien, ergeben interessante und dynamische Bilder. Oftmals bringt ein Hinknien oder gar ein Hinlegen auf den Rücken (wie bei diesen drei Bildern) enormen formalen Gewinn.

16 mm

16 mm

16 mm

Die an sich gerade Architektur in Gelb-Rot und das Gewächshaus haben durch das 16 mm völlig veränderte Formen bekommen. Auch bei den Motiven «Schaufenster mit Hüten», «Bild auf einer Staffelei» und «Terrassen-Café» werden Senkrechte und Waagerechte verformt. Günstig sind Motive

16 mm

mit Kreisformen, weil an denen die Verformung kaum sichtbar wird. Bei dem Strandkorbbild ist allerdings der Horizont stark gewölbt, während bei dem Strassen-Architektur-Detail die Wölbung im Hintergrund kaum störend auffällt. Das einzige Beispiel mit völlig freien Motivformen ist der Blick in die Baumwipfel. Doch auch hier weicht die Bildwirkung

16 mm

von herkömmlichen Bildern dieser Art ab.

16 mm

16 mm

Porträt/Halbfigur

Figur/Gruppe

Landschaft

Pflanzen

16 mm Brennweite und 180 Grad Bildwinkel verhindern eigentlich schon automatisch den Gebrauch eines 16-mm-Objektivs, setzt man eine Porträtabbildung, die dem menschlichen Antlitz gerecht wird, voraus. Die individuellen Gesichtszüge, die Physiognomie des Gesichtes, werden durch ein 16-mm-Objektiv derart verzeichnet wiedergegeben, dass sie dem Porträtanspruch nicht gerecht werden.
In wenigen Fällen dient das Fisheye-Objektiv dazu, Vorlagen für Zeichnungen mit «spitzer Feder», wo ja per definitionem einer Karikatur die verzerrte, überzeichnete Darstellung charakteristischer Gesichtszüge gefordert ist, zu liefern.

Vereinzelt sind Bildbeispiele zu finden, bei denen der Versuch unternommen wurde, Gruppen mit einem Objektiv extrem kurzer Brennweite, wie das 16-mm-Objektiv eines ist, aufzunehmen. Meist sind sie nicht sehr überzeugend, weil sie den Gruppendarstellungen, durch die weitflächige Abbildung von Fisheye-Objektiven, nicht gerecht werden.
Ausserdem werden die sich in der Mitte befindlichen Personen überbetont gross abgebildet, wogegen die Personen in den Randzonen stark verkleinert und krumm erscheinen. Die Darstellung einer einzelnen Figur unter Hinzunahme eines Objektivs mit 16 mm Brennweite kann auch nur ein eher witziges Ergebnis bringen.

++

Besonders zur Abbildung weitflächiger Landschaften sollte das Fisheye-Objektiv 16 mm Brennweite hinzugezogen werden. Es leuchtet gegenüber dem Objektiv mit 7,5 mm Brennweite das volle Aufnahmeformat aus, so dass dadurch die Wirkung der Weitflächigkeit einer Landschaft noch enorm gesteigert wird.
Die Bildkomposition eines Landschaftsphotos wird bei diesem Objektiv 16 mm Brennweite derart beeinflusst, dass die jeweilige Horizontalabbildung, sofern sie die Bildmitte schneidet, entweder bei Verkanten der Kamera nach oben konvex oder bei Verkanten der Kamera nach unten konkav stattfindet.
Linien, die auf aus einem rechten Winkel perspektivisch in Richtung Kamera verlaufen, werden beim 16-mm-Objektiv mit in die Horizontabbildung einbezogen und auf eben diese Linie photographisch dimensioniert. Um neben der Flächenausdehnung auch die Tiefe einer Landschaft zu verdeutlichen, sollten bei Gebrauch eines 16-mm-Objektives in die Komposition unbedingt im Vordergrund befindliche Motivteile einbezogen werden. Dies wird ermöglicht durch nahes Herangehen an Sujetausschnitte bis zu 30 cm Abstand, die bei entsprechender Abblendung des Objektivs scharf abgebildet werden.

++

Beim 16-mm-Fisheye-Wechselobjektiv besteht die Möglichkeit, auch Pflanzen in einem Abstand von nur 30 cm noch scharf abbilden zu können.
Die Flora wird allerdings in einem solchen Falle stark verzeichnet wiedergegeben und unter Umständen ihres natürlichen Erscheinungsbildes beraubt. Die Streckung von real dicht nebeneinander befindlichen Pflanzenteilen und ihre gleichzeitige Abbildung auf der zweidimensionalen Photoebene führen aber nicht selten zu höchst interessanten grafischen Bildeindrücken. Die Plastizität eines Pflanzenphotos kann durch Einsatz des Super-Weitwinkelobjektivs 16 mm enorm gesteigert werden.

Tiere

Architektur

Stilleben

Experiment

Fisheye-Objektive sind von der Konstruktion und ihrer Bauweise und der sich daraus ergebenden optischen Gesetzmässigkeiten, wie 180-Grad-Bildwinkel (diagonal) und grosse optische Verzeichnung des Motives, nicht geeignet, Tieraufnahmen zu erstellen.
Hier stösst der Photograph beim Photographieren mit dem 16-mm-Objektiv eigentlich auf den gleichen Problemkreis, der ihm auch bei Porträtaufnahmen begegnet.

++

Fisheye-Objektive mit 16-mm-Brennweite erfassen bei genügendem Aufnahmeabstand besonders gut grosse Architekturanlagen. Die Aufnahme sollte aber auch hier einen nicht allzu eintönigen Vordergrund haben, sondern durch Motivteile im Vorder- und Mittelgrund aufgelockert werden.
Beabsichtigt der Photograph, eine Architektur oder ihre Details überzeichnet abzubilden, so ist ihm die Möglichkeit, bei kurzer Distanz vom Objekt unter gleichzeitiger Verwendung eines Super-Weitwinkels 16 mm Brennweite, gegeben.
Die Freistellung und Herauslösung von Architekturteilen mit Hilfe eines Objektivs 16 mm Brennweite führt zu neuen, oftmals nicht uninteressanten Bildkompositionen und Architekturdarstellungen.

+

Photographische Stilleben sind sicherlich nicht mit denen der Malerei und Grafik vergleichbar, obwohl vielfach der Photograph die gemalten Kunstwerke bei seiner Arbeit im Hinterkopf hat, was dann nicht selten auf den späteren Photos abzulesen ist.
Sicherlich hat die Photographie, und dazu gehört auch der Einsatz von extremen Weitwinkeln, ihre spezifischen Eigenschaften, die es gestatten, ein typisch photographisches Stilleben zu gestalten.
Das 16-mm-Weitwinkelobjektiv verändert unter Umständen uns vertraute Formen innerhalb des Bildes derart, dass sie uns nicht nur neu, sondern in der Gesamtkomposition des photographierten Stillebens auch harmonisch erscheinen.

+++

Auch beim 16-mm-Weitwinkel ist der spielerische Bereich, zu experimentieren, gross. Die im Gegensatz zum 7,5-mm-Objektiv volle Ausleuchtung des Bildformates kann auf Grund des grossen Bildwinkels von immerhin 180 Grad zu verblüffenden Bildergebnissen führen, indem durch exakt gerade Kamerahaltung zwar der grosse Bildwinkel zwangsläufig abbildet, dem späteren Bild aber nicht mehr entsprechend in Rechnung gestellt wird.
Das Schwergewicht des Experimentalbereiches dürfte allerdings in der Verzeichnung des Bildes und in den sich daraus ergebenden Möglichkeiten liegen.
Die Aufnahmen mit den Fisheye-Objektiven stellen an sich schon ein Experiment dar.

500 mm Spiegel

Spiegelobjektive

250 und 500 mm

In der Bildwirkung der für unsere Sehweise ungewohnten starken Raumstauung unterscheiden sich die Bildergebnisse der Spiegel-Teleobjektive nicht von denen anderer Teleobjektive. In Unschärfenzonen (Vordergrund- und Hintergrundunschärfen) ergeben sich jedoch die für die Spiegelobjektive typischen kreisförmigen Punktabbildungen. Diese werden von einigen Photographen sogar als Stilmittel in die Bildkomposition einbezogen.
Der grosse Vorteil eines Spiegelteles liegt in seinem wesentlich kleineren Gewicht gegenüber den konventionellen Telebaureihen.
Das geringe Gewicht sollte jedoch nicht dazu verleiten, sich mit dem Spiegeltele lange Zeiten aus der Hand zuzutrauen. Nicht zuletzt auch durch die Schwierigkeit der genauen Scharfeinstellung der recht lichtschwachen Objektive ist ein Stativ in jedem Fall zu empfehlen.
Bei extremen Lichtverhältnissen, wie bei dem Beispiel des Fischerbootes im Mittagslicht Spaniens, kann es sogar sein, dass man durch Graufilter die Lichtmenge reduzieren muss.

250 und 500 mm Spiegel

Die Spiegellinsenobjektive bilden innerhalb der Teleobjektive eine besondere Gruppe. Konstruktionsbedingt weisen Spiegellinsenobjektive Vorzüge und Nachteile gegenüber anderen Teleobjektiven auf.
Dieses trifft natürlich auch auf das 250 mm und das 500 mm zu. Je nachdem, ob man diese Objektive anstelle von vergleichbaren Brennweiten herkömmlicher Bauweise (z. B. 200-mm-, 300-mm-, 400-mm-Teleobjektive) oder sogar zusätzlich erwerben will, ist es wichtig zu überprüfen, ob die Eigenarten der Spiegellinsenobjektive zu den jeweils bevorzugten Motivbereichen in Einklang stehen.

250 mm

500 mm

In der Bildwirkung der für unsere Sehweise ungewohnten starken Raumstauung unterscheiden sich die Ergebnisse nicht von denen anderer Teleobjektive. In Unschärfezonen (Vordergrund- und Hintergrundunschärfen) ergeben sich jedoch die für die Spiegellinsenobjektive typischen kreisförmigen Abbildungen.
Bei duftigen Gegenlichtaufnahmen können diese «Kringel» sehr reizvoll sein. Wichtig ist es jedoch zu wissen, dass diese kreisförmigen Abbildungen immer bei Unschärfen entstehen – also auch dann, wenn man sie einmal nicht haben möchte.
Der Bildwinkel des 250 mm beträgt 10 Grad diagonal und der des 500 mm 5 Grad diagonal.

250 mm

Die nahesten Einstellmöglichkeiten sind beim 250 mm 2,5 m und beim 500 mm 4,0 m. Damit liegen sie gleich bzw. zum Teil sogar besser als die vergleichbaren «normalen» Teleobjektive.
Die Konstruktion der Spiegellinsenobjektive bringt den Vorteil eines sehr geringen Ge-

500 mm

wichtes (250 mm ca. 250 g; 500 mm ca. 600 g), beinhaltet aber auch gleichzeitig einige Nachteile.
So gibt es nur feste Blenden (250 mm Blende 5,6; 500 mm Blende 8) – zuviel Licht kann jedoch durch die mitgelieferten Graufilter reduziert werden. Bei zu schwachen Lichtverhältnissen können aber Probleme auftauchen.
Die Scharfeinstellung des ohnehin schon dunkleren Mattscheibenbildes wird – besonders bei trübem Wetter – erschwert, und die Verwendung eines Statives ist fast unumgänglich (Auflegen oder Anlehnen der Kamera kann nur für Notfälle Ersatz sein).
Eine weitere Besonderheit ist ausserdem, dass (auch hier wieder konstruktionsbedingt) alle Spiegellinsenobjektive in der Einstellung im Unendlichbereich über Unendlich hinausgehen – das Bild also wieder unschärfer wird.
Es gilt also immer, sehr präzise die Scharfeinstellung zu kontrollieren – nicht zuletzt auch wegen der relativ geringen Schärfentiefe.

500 mm

250 mm

Das geringe Gewicht und die Handlichkeit der Spiegellinsenobjektive verführen leicht dazu, auch mit längeren Belichtungszeiten Aufnahmen aus der Hand zu wagen.
Als Faustregel bei Aufnahmen aus der Hand sollte gelten: für das 250 mm möglichst keine längere Zeit als die 1/250-Sekunde und für das 500 mm möglichst keine längere Zeit als die 1/500-Sekunde.

250 mm

500 mm

Je nach Motiv und/oder Hell-Dunkel-Verteilung in der Bildfläche kann bei den Spiegellinsenobjektiven ein leichter «Hot Spot» (ein etwas hellerer Mittelpunkt) sichtbar werden.
Bei Kompositionen mit direkter Mittelfeldbetonung durch das Motiv oder bei einem interessanten Lichtgang (Verteilung der Hell-Dunkel-Flächen im Bild) wird dieser «Hot Spot» kaum sichtbar sein. Für Kompositionen mit grossen, durchgehenden gleichtonigen Flächen werden die Spiegellinsenobjektive nicht so sehr geeignet sein. Neben spielerisch/experimentellen Arbeiten eignen sich das 250-mm- und das 500-mm-Spiegellinsenobjektiv auch dazu, mittelgrosse Gegenstände – wie z. B. die Käsekugel auf einem Markt – aus einer Vielfalt von Formelementen herauszulösen. Nicht zuletzt lassen sich diese Objektive sogar im Porträtbereich einsetzen.

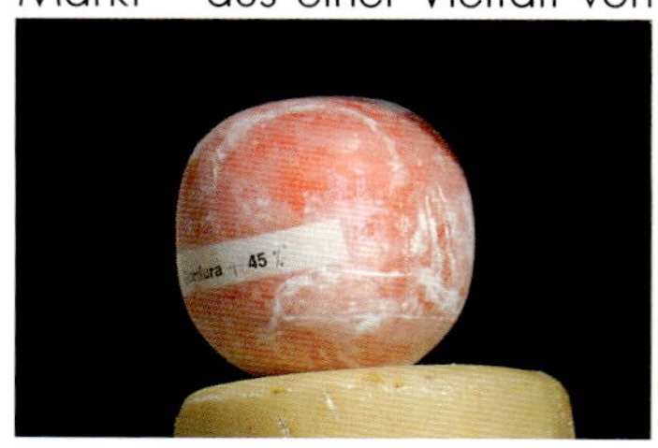

500 mm

500 mm

500 mm

250 mm

Idealer sind sie jedoch für grosse Distanzen (Blicke von erhöhten Standpunkten, in die Ferne führende Strassen, in der Ferne liegende Objekte) und auch für Tieraufnahmen. Im mittleren Nahbereich ergeben sich in jedem Falle die objektivbedingten Unschärfen (durch die Unmöglichkeit des Abblendens). Besonders malerisch sind die Unschärfen bei

250 mm

Motiven wie den beiden blühenden Wiesen.

500 mm

250 und 500 mm Spiegel

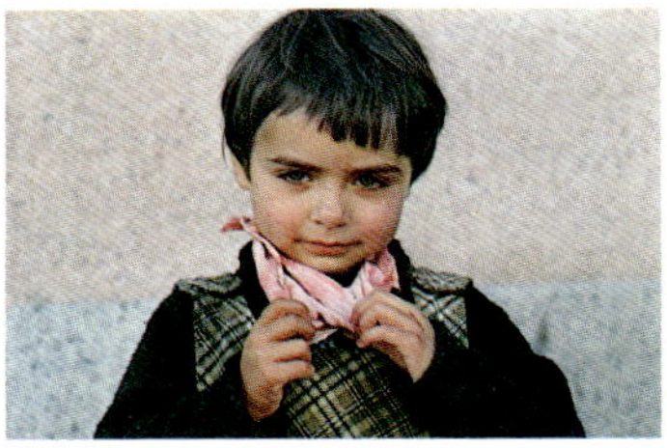

Porträt/Halbfigur

Figur/Gruppe

Landschaft

Pflanzen

++

Die zunehmende Verflachung der perspektivischen Abbildung bei längeren Brennweiten ermöglicht es, mit 250-mm- und 500-mm-Objektiven gute Porträtaufnahmen zu photographieren. Insbesondere das vergleichsweise zu Objektiven konventioneller Konstruktion geringe Gewicht begünstigt auch die spontane Aufnahme von Porträts aus grösserer Entfernung. Allerdings sind in einer solchen Aufnahmesituation gute Lichtverhältnisse (Sonnenschein oder entsprechendes Kunstlicht) erforderlich, da die bezeichneten Objektive eine fixe Blende von 5,6 bzw. 8 besitzen. Eine lange Belichtungszeit würde bei diesen langen Brennweiten unweigerlich zu Verwacklung und Unschärfen führen.
Eine gewisse «Weichheit» in den Aufnahmen, die mit den Spiegelteleobjektiven erstellt werden, wirkt sich besonders dann vorteilhaft aus, wenn das Porträt einen schmeichelnden Charakter erhalten soll.

+

Es verhält sich in diesem Motivbereich bei Hinzunahme eines 250- oder 500-mm-Spiegelobjektives ähnlich wie im Porträtbereich. Auch hier entstehen aus einer gewissen Distanz vom Porträtmodell ansprechbare Halbfiguraufnahmen, da durch die Raffung von Vorder-, Mittel- und Hintergrund das Entscheidende einer Person isoliert und photographisch dargestellt werden kann.
Um Gruppen aufzunehmen, seien sie klein oder gross, sollte auf Objektive kürzerer Brennweite zurückgegriffen werden.

+++

Die Herauslösung einzelner Motivteile aus einem Landschaftssujet und deren neue Komposition zu einem überzeugenden Bild gelingt mit Spiegelobjektiven von 250 bis 500 mm Brennweite mühelos. Wiederum sei hier die typische, leicht diffuse Abbildung erwähnt.
Sie wird unter Umständen noch durch Spitzlichter im Unschärfenbereich, die bei Spiegelobjektiven kreisförmig abgebildet werden, gesteigert.
Diese Spezies von Objektiven hat bei manchen Photographen sogar zur Findung ihres eigenen photographischen Stils geführt, ohne dass es nur ein Effekt geblieben wäre. Hinzuweisen sei auf Situationen der Photographie, wo Dunstglocken, Nebel, Staub usw. die Fernsicht behindern. Das photographische Landschaftsbild würde bei Einsatz von Spiegelteleobjektiven in einem solchen Falle lediglich eine verschwommene, wenig reizvolle Natur widerspiegeln.

+

Pflanzen und ihre photographische Wiedergabe ist ein Thema, welches bei den Spiegelobjektiven nur bedingt gut aufgehoben ist.
Zum einen gelten hier, wie auch bei den langen Brennweiten konventioneller Bauart, die optischen Gesetzmässigkeiten von gestauchter Perspektive und geringer Schärfentiefe. Zum anderen wird bei den Spiegelobjektiven die Aufnahme von Pflanzen dadurch erschwert, dass diese Objektive eine durch ihre fixen Blenden 5,6 bzw. 8 bedingte weitere Abblendung nicht erlauben, somit die meist nötige Schärfentiefe für Aufnahmen von Pflanzen grösserer Ausdehnung nicht gewährleistet ist.
Optimal ausgenutzt werden diese Objektivgruppen 250 mm und 500 mm bei Pflanzenübersichten, wie aus einem Teil der Bildbeispiele ersichtlich ist.

Tiere

Architektur

Stilleben

Experiment

++

Ähnlich den Porträts, ist es bei Aufnahmen von Tieren besonders auffällig, wenn die Proportionen verschoben oder gar verfälscht werden.
Erforderlich ist allerdings besonders bei grossen Tierkörpern ein grösserer Aufnahmeabstand, da sonst Teile dessen in einer Unschärfenzone liegen könnten (feste Blende). Bei kleineren Tieren ist eine Verwendung der 250- und 500-mm-Objektive zu empfehlen, weil es eine relativ grosse Abbildung des Tieres in der Gesamtfläche ergibt.
Dies begünstigt das Aufnehmen von fliegenden Vögeln und scheuen Kleintieren. Ansonsten sind Spiegelobjektive den in den Brennweiten vergleichbaren Objektiven normaler Bauweise durchaus ebenbürtig. Sie ermöglichen darüber hinaus auf Grund ihres geringen Gewichtes ein schnelleres Reagieren, welches nicht zuletzt bei Tieraufnahmen unerlässlich ist, will man zu einem zufriedenstellenden Bildergebnis gelangen.

Grundsätzlich kann die Verwendung eines 250- oder 500-mm-Spiegellinsenobjektives bei Architekturaufnahmen nicht ausgeschlossen werden. Sie birgt allerdings auch keine besonderen Vorteile oder Möglichkeiten in sich. Das sehr dunkle Mattscheibenbild erschwert die Einstellung auf dem Sucherprisma enorm (250 mm Blende 5,6; 500 mm Blende 8), so dass die exakte Einstellung von Architekturteilen stark erschwert wird.

+

Nur in wenigen Fällen ist es sinnvoll, mit Spiegellinsenobjektiven Stilleben aufnehmen zu wollen. Die fehlende Abblendungsmöglichkeit, das sehr dunkle Sucherfeld und die etwas diffuse Abbildung sind Fakten bei diesen Objektiven mit 250 bzw. 500 mm Brennweite, die den Gebrauch in diesem Sujetbereich stark einschränken.
Lediglich in Fällen, wo eine Freistellung des Stillebens ermöglicht werden kann, sollte zu den Spiegelobjektiven gegriffen werden.

++

Die schon im vorangegangenen Text erwähnten kreisförmigen Abbildungen der Spitzlichter im Unschärfenbereich, die für die Spiegellinsenobjektive so typisch sind, können natürlich Gegenstand spezieller Experimente sein.
Wiederum ist auch hier im Experimentalbereich auf das geringe Gewicht der Spiegelobjektive zu verweisen, die eine extrem schnelle Bewegung während der Aufnahme erlauben. Die dabei entstehenden Verwischungen und Unschärfen erzeugen interessante Bildformationen.

Zoom 50—135 mm, «gezoomt»

Zoom-Objektive

Das Zoom-Objektiv mit veränderbarer Brennweiten-einstellung ist ein optisches Mehrzweckgerät, das gleichzeitig mehrere Festbrennweiten in sich vereint. Das Arbeitsfeld eines Zoom-Objektives reicht von einer Aufnahme der Totalen eines Motives bis hin zur herausgelösten Einzelaktion. Gleichzeitig lässt sich das Sujet in der gestalterisch richtigen Weise beschneiden, ohne dabei unbedingt den Aufnahme-standort verändern zu müssen.
In den Motivbereichen ist jede einzelne Einstellung der Zoom-Objektive in der Anwendung mit den Fest-brennweiten gleich. Im technischen Bereich muss man jedoch eine geringere Lichtstärke und meist auch eine geringere Naheinstellung hinnehmen.
Für den experimentellen Bereich bergen die Zoom-Objektive jedoch zahlreiche Möglichkeiten, wobei das «Zoomen» (die Verstellung der Brennweite während einer längeren Belichtungszeit) nur eine der Verfremdungstechniken durch das Zoom ist.

Zoom-Objektive

Jede Anschaffung von Sonderobjektiven zu einer bestehenden Ausrüstung bedarf gründlicher Überlegung. Dies trifft

natürlich auch für die Zoom-Objektive zu.
Wichtigste Überlegung ist hierbei sicherlich der gewünschte Anwendungsbereich bzw. die effektive Nutzung für ein Objektiv, das sicherlich Vorteile, aber auch Nachteile hat. Für die Motivbereiche der Sport- und Tierphotographie sind Zoom-Objektive, d. h. vor allem Tele-Zoom-Objektive, die interessantesten technischen Entwicklungen der letzten Jahre. Von der Motivübersicht bis zur herausgelösten Einzelaktion, ein Herankommen oder Entfernen des bildwichtigen Motives, ein Anpassen an schnelle Veränderungen innerhalb eines Geschehens – all diese Probleme können mit dem Zoom-Objektiv ohne Objektivwechsel – also ohne Zeitverlust – gelöst werden.

Für eine Spezialisierung auf Sport-, Tier- oder andere Aktionsphotographie sind Tele-Zooms ideal. Es ist vorstellbar, dass im Falle einer solchen Spezialisierung eine Photoausrüstung nahezu ausschliesslich aus mehreren Zoom-Objektiven verschiedener Bereiche (z. B. 50–135 mm, 75–200 mm, 100–500 mm) besteht.

Für die «normalen» und ruhigeren Motivbereiche sollten die Zoom-Objektive nur als Ergänzung für eine bestehende Objektiv-Ausrüstung in Betracht gezogen werden – und in keinem Falle als Ersatz für mehrere Brennweiten dienen.
Das gewichtigste Argument für die Festbrennweiten ist zweifellos ihre Lichtstärke. Vor allem im mittleren Weitwinkel-, im Normal- und leichten Tele-Bereich sind die Einzelobjektive zwei-, vier-, ja bis achtfach lichtstärker als die vergleichbaren Brennweiteneinstellungen innerhalb eines Zoom-Objektives. Somit lassen sich die meisten Einzelobjektive noch bedeutend länger aus der freien Hand – also ohne Stativ – benutzen, d. h. selbst bei relativ schlechten Lichtverhältnissen muss man nicht immer ein Stativ mit herumschleppen.

Ein Gewichtsvergleich fällt vordergründig zugunsten der Zoom-Objektive aus. Stellt man z. B. dem Zoom 50–135 mm mindestens die Festbrennweiten 50 mm, 85 mm und 135 mm gegenüber, kann man – je nach Lichtstärke der Objektive – leicht auf das doppelte bis dreifache Gewicht kommen.
Berücksichtigt man jedoch, dass man, um auch lichtschwächeren Situationen gewachsen zu sein – kaum ohne ein Stativ auskommt, verschiebt sich die Gewichtsrelation natürlich gewaltig.

Weiterhin ist zu bedenken, dass man – um bei dem Beispiel des 50–135-mm-Zooms zu bleiben – bei der Einstellung auf 135 mm gegenüber

der Festbrennweite ein nur wenig grösseres und etwa gleichgewichtiges Objektiv hat, jedoch bei der Einstellung auf 50 mm dieses 50-mm ein doch um ein Vielfaches grösseres und ein mehrfach schwereres 50-mm darstellt. Sicherlich bedeutet in diesem Falle das Gewicht noch keine extreme Verwackelungsgefahr bei der Aufnahme – anders ist es jedoch bei den stärkeren Tele-Zooms.

Das Tele-Zoom 100–500 mm ist mit seinem Gewicht von über 2 kg und seiner Lichtstärke von 1 : 8 sicherlich höchstens bei bestem Licht und unter Verwendung von höher empfindlichen Filmen ohne Stativ zu benutzen (um bei der notwendigen Belichtungszeit von 1/500 Sekunde oder besser noch 1/1000 Sekunde vielleicht auch noch etwas «Lichtreserve» über die Blenden zu haben).

Dagegen kann man die Festbrennweiten 100 mm, 135 mm, 200 mm und manchmal auch noch das 300 mm in vielen Situationen und Lichtverhältnissen aus der freien Hand verwenden. Dass die naheste Einstellung bei Zoom-Objektiven sich immer nach der längsten Brennweiteneinstellung richten muss (beim 50–135-mm-Zoom 1,5 mm, wogegen die

Festbrennweite 50 mm 45 cm und das 85-mm 0,8 m als Nahsteinstellung haben), kann eben durch die Einstellung auf die jeweils längste Brennweite ausgeglichen werden.

Dass Einzelobjektive eine bessere Abbildungsqualität (Auflösung) aufweisen als Zoom-Objektive, mag in extremen Tests und Messkurven beweisbar sein, im Falle der freien Photographie und bei der Verwendung von Zoom-Objektiven der Spitzenklasse jedoch weder mit blossem Auge noch bei Vergrösserungen von 30 x 40 cm, 40 x 50 cm oder grösser erkennbar werden.

Wer schon mehrere Jahre gewohnt ist, mit Einzelobjektiven zu photographieren, mag sicherlich anfangs im Umgang mit Zoom-Objektiven Eingewöhnungsschwierigkeiten haben.
Der gewohnt feste Griff an das Objektiv kann bei den Zoom-Objektiven schon zu einer Verstellung der Brennweite führen. Dass Scharfeinstellung und Blende sich beim Verstellen der Brennweite nicht verändern, ist ein weiterer Vorteil der Zoom-Objektive.
Dass man mit diesen variablen Objektiven im Bereich der Gestaltung «massschneidern» kann, ist noch keine Garantie für bessere Bilder. Zoom-Objektive können dem Photographen in keinem Fall die intensive Suche nach dem besten Standpunkt für die optimale Gestaltung eines Motives ersetzen. Ohne eine Standpunktveränderung bringt ein auf verschiedene Brennweiten verstelltes Zoom lediglich einen oder mehrere veränderte Ausschnitte aus einem Motiv – wobei die Massstabsverhältnisse der jeweils abgebildeten Motivteile zueinander konstant bleiben.

Nur durch die Veränderung des Standpunktes, bei gleichbleibender oder veränderter Brennweite, lassen sich von einem Motiv andere Sichten, andere Perspektiven und andere Wirkungen erreichen.
Zoom-Objektive dürfen also nicht zu «Auf-einem-Platz-

stehenbleiben-Faulheitsobjektiven» werden, sondern sollen ein technisches Mittel sein, im kreativen Prozess der Motiv-

gestaltung zu besten Leistungen zu kommen.
Die Verstellbarkeit der Zoom-Objektive verführt schnell zu technischen Spielereien. Zoom-Fahreffekte während der Aufnahme zeigen zwar vordergründig verblüffende Dynamik einer Pseudobewegung, doch wird nur selten die Bildaussage dadurch betont oder zu einer neuen Wertigkeit gesteigert.

Optimale Lösungen zu Aufgabenstellungen können natürlich auch Aufnahmen sein, die

sich technischer Tricks oder technischer Hilfsmittel bedienen. Jedoch sollten technische Tricks und Spielereien nicht zum Selbstzweck werden.

Der Vollständigkeit halber sind bei den Abbildungen auch Anwendungen im experimentellen Bereich gezeigt. Der Fahreffekt bei den Bahnhofsignalen mag eine Fahrt mit der Bahn simulieren, während die Doppelbelichtungen der Geleise (eine Belichtungshalbierung, wobei die erste Teilbelichtung mit Objektschärfe, die zweite Teilbelichtung – ohne Brennweitenveränderung – auf den Nahbereich unscharf eingestellt wurde) die für den Laien verwirrende Vielfalt der Schienen unterstreicht.

85 mm Vario-Soft, Stufe 1

85 mm Vario-Soft

Beim Vario-Soft-85-mm-Objektiv ist eine kontinuierliche Softfunktion in den Stufen eins, zwei und drei eingebaut. Es lassen sich abzubildende Motivteile durch Drehen des Einstellringes in einen Hauch von Romantik und Poesie tauchen. Vormals glatte, scharfe Linien und Konturen verschwimmen zu einer weichen, mit impressionistischem Charakter behafteten Abbildung.

28/35 mm Shift

Um dem Problem der stürzenden Linien in der Architekturphotographie Herr zu werden, hat man für den Kleinbildbereich ein 35-mm-Objektiv entwickelt, das eine allseitige Verstellung zur optischen Achse ermöglicht.

24 mm VFC

Das Objektiv 24 mm VFC ist ein Weitwinkelobjektiv, das neben «floating focusing» noch zusätzlich mit einer einstellbaren Objektfeldwölbung ausgestattet ist. VFC ist die Abkürzung für «variable field curvature».
Durch die Wölbung der Schärfenebene lässt sich die Abbildung dreidimensionaler Objekte mit jeweils unterschiedlichen Entfernungen auf einer gekrümmten Objektfeldlinie erreichen, ohne dass dabei die Blende zu Hilffe genommen werden muss.

85 mm Vario-Soft

Die Ansichten und Meinungen über den Einsatz von Hilfsmitteln, wie zum Beispiel Filter, innerhalb der Photographie sind bekanntlich umstritten.
Grundsätzlich ist die Benutzung solcher Hilfsmittel dort angezeigt, wo sich die Bildaussage steigern oder verstärken lässt, nicht aber, wenn der Einsatz das Sujet total überlagert.
So findet sich in der Palette der Wechselobjektive auch ein solches, bei der die vorgezeichnete Problematik zum Tragen kommt.
Das Vario-Soft-Objektiv ist eines, bei dem, wie der Name bereits verrät, eine kontinuierliche Softfunktion eingebaut ist. Es lassen sich also scharf abzubildende Motive durch Drehen eines Einstellringes stufenlos in einen Hauch von Romantik und Poesie tauchen. Vormals glatte, scharfe Linien und Konturen verschwimmen zu ei-

Softstufe 0

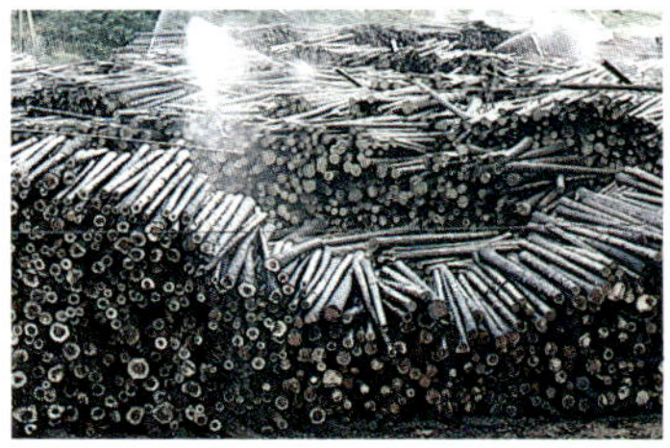

Softstufe 0

Softstufe 3

Softstufe 3

ner weichen, mit impressionistischem Charakter behafteten Abbildung.

Softstufe 0

Der Grad des Einsatzgebietes ist besonders schmal und verführt leicht zu einer eher kitschigen Photographie. Zum Weichzeichner als Selbstzweck.
Trotzdem lassen sich bei sparsamem Gebrauch immer wieder Motive finden, bei denen der eingangs formulierte Grundsatz der Aussagesteigerung Anwendung finden kann.
Die Funktion des Drehrings zur Erzeugung der Weichzeichnungsgrade 1–3 tritt nur bei voller Blendenöffnung in Erscheinung. Das bedeutet, dass im Falle sehr guter Lichtverhältnisse und dem gleichzeitigen Wunsch, den Weichzeichnereffekt mittels des Softobjektives zu erzielen, ein neutraler Graufilter Verwendung finden muss.
Die gewählte Entfernungseinstellung bedarf beim Eindrehen des Weichzeichners keiner Korrektur. Das gesamte Sujetfeld wird vom Softeffekt ausgezeichnet. Sicherlich lässt sich der Weichzeichnereffekt, der nach den optischen Gesetzmässigkeiten einen Abbildungsfehler in Form der sphärischen Aberration (Öffnungsfehler) darstellt, auch auf andere Weise erzeugen.

Softstufe 2

Softstufe 0

Historisch gesehen, waren ja die in den Anfängen der Photographie verwandten Objektive durchwegs Weichzeichner, weil sie, auf Grund der noch nicht weiter fortgeschrittenen Objektivbautechnik, mit dem Makel der sphärischen Aberration behaftet waren.

Softstufe 3

28/35 mm Shift

Um grössere Objekte, wie Architekturen, Bäume u. a., formatfüllend aufzunehmen, ist man häufig gezwungen, zu Weitwinkelobjektiven zu greifen.

nicht korrigiert

Nur selten hat man gleichzeitig das Glück, einen erhöhten Aufnahmestandpunkt zu finden – etwa ein gegenüberliegendes, zugängliches Haus, einen Hügel, einen Berg – und muss meist stürzende Linien durch die gekippte Kamera in Kauf nehmen.

Zur Bewältigung dieser Probleme ist es den Objektiv-Technikern gelungen, Spezialobjektive zu entwickeln, die eine allseitige Verstellung zur optischen Achse ermöglichen.

nicht korrigiert

Diese sogenannten Shift-Objektive sind 28-mm- oder 35-mm-Weitwinkel und lohnen sich in der Anschaffung (durch ihren konstruktiv bedingten höheren Preis) wohl nur bei einer Spezialisierung auf Architekturaufnahmen.

Die genaue Handhabung der Shift-Objektive ist zu beachten und den ausführlichen Gebrauchsanweisungen zu entnehmen.

korrigiert

Dennoch seien einige wichtige Punkte erwähnt.
Da bei der Anwendungs-Kombination der Verstellung des Objektives bis zum Anschlag (also voller Ausnutzung der Verstellmöglichkeit) und völlig geöffneter Blende (also voller Ausnutzung der Lichtstärke des Objektives) leichte Abschattungen – sogenannte Vignettierungen – in den Ecken möglich sind, ist es ratsam, mit dem Stativ zu arbeiten. In der Kombination kleinerer Blenden und längerer Belichtungszeiten kann die volle optische Qualität der Shift-Objektive ausgenutzt werden.
Ausserdem ist eine Belichtungskorrektur von ½ Blende bis zu 1 Blende plus notwendig, je nachdem, wie stark verstellt wurde. (Alle Bildbeispiele haben volle Verstellung und Korrektur von 1 Blende plus gegenüber der ersten, unverstellten Aufnahme.) Sowohl die Messung der Belichtungszeit als auch die Aufnahme selbst wurden durch die Gebrauchsblende, d. h. durch Drücken des Abblendknopfes, getätigt.

nicht korrigiert

korrigiert

nicht korrigiert

korrigiert

In der freien Handhabung der Shift-Objektive wird wohl nicht immer eine volle Korrektur der perspektivischen Verzeichnung erreicht werden, jedoch auch eine Verminderung der stürzenden Linien ist oft von Vorteil.

korrigiert

24 mm VFC

nicht korrigiert

nicht korrigiert

korrigiert

nicht korrigiert

Ein weiteres Spezialobjektiv, welches hier vorgestellt werden soll, ist ein 24-mm-Weitwinkelobjektiv mit einem «Floating-Focusing»-System. Hinter dieser etwas befremdenden Bezeichnung steckt nichts anderes als ein an sich normales 24-mm-Weitwinkel. Nur mit dem kleinen Unterschied, dass sich durch Drehen eines Einstellringes die Schärfenebene konvex oder aber auch konkav krümmen lässt. Das Objektfeld nimmt in diesen Fällen die scharfe Abbildung in Gestalt einer hohlen Schale oder einer dem Photographen zugewandten Kuppel an.
Durch die Wölbung der Schärfenebene lässt sich die Abbildung dreidimensionaler Objekte mit jeweils unterschiedlichen Entfernungen auf

korrigiert

einer gekrümmten Objektfeldlinie erreichen, ohne dass dabei die Blende zu Hilfe genommen werden muss.
So liegen alle auf einem entsprechenden achsensymmetrischen Kurvenzug befindlichen Punkte eines Motives in einer konvexen oder konkaven Schärfenlinie. Es lässt sich bei voller Blendenöffnung eine alleinige oder durch Abblenden des Objektives zusätzliche Schärfenabbildung bis in die letzten Ecken des Sujetfeldes erreichen.
Bei den gezeigten Beispielen wurde ausschliesslich mit völlig geöffneter Blende (f/2,8) und den spezifischen Einstellmöglichkeiten des VFC-Objektivs gearbeitet.

korrigiert

korrigiert

nicht korrigiert

nicht korrigiert

Voraussetzung für eine optimale Ausnutzung dieses «Floating Focusing» ist, dass die Anordnung und Gestalt eines Sujets ungefähr in einer vom Objektiv erreichbaren Krümmungslinie liegen.
So wurde beispielsweise durch angepasstes Wölben des Objektfeldes der gezeigte Ball bei voller Blendenöffnung scharf abgebildet.
Die angepasste Objektfeldkrümmung ist besonders wirkungsvoll bei relativ geringen Einstellentfernungen und grossen Blendenöffnungen. In der Nullstellung kann das beschriebene Objektiv auch natürlich als konventionelles 24-mm-Weitwinkelobjektiv mit planem Objektfeld Verwendung finden.

korrigiert

50 mm Makro

50 und 100 mm Makro

Die für die Makro-Photographie speziell korrigierten Objektive mit 50 mm bzw. 100 mm Brennweite können sowohl als normale Objektive ihrer Brennweite als auch als Objektive für den extremen Nahbereich bis zum Massstab 2:1 verwendet werden.
Da sich im Makro-Bereich oft lange Belichtungszeiten ergeben, ist die Verwendung eines Statives meist unerlässlich. Motive wie die kleine Feder am Strand bilden in etwa den Beginn des Makro-Bereiches.

50 und 100 mm Makro

100 mm Makro

100 mm Makro

50 mm Makro

Die Makro-Objektive 50- und 100 mm unterscheiden sich in ihrer Anwendung im Normalaufnahmebereich nicht von den normal konstruierten Objektiven gleicher Brennweiten. Die für die Makro-Photographie speziell korrigierten Objektive mit 50-mm- bzw. 100-mm-Brennweite dienen dazu, Nahaufnahmen in den Dimensionen von 1 : 2 bis hin zu dem Abbildungsmassstab 1 : 1, in diesem zweiten Falle allerdings unter Verwendung des entsprechenden Adapters, zu photographieren.
Bei Verwendung der Makro-Objektive als normale 50-mm- oder 100-mm-Objektive gilt es folgendes zu beachten: Lichtstark sind die Makro-Objektive nicht. Das 100-mm-Objektiv hat eine grösste Blendenöffnung von 4, das 50-mm-Objektiv eine grösste Öffnung von Blende 3,5. Die Makro-Objektive sind vergleichsweise bis zu 4fach lichtschwächer gegenüber den Normalobjektiven 50-mm- und 100-mm-Brennweite mittlerer Lichtstärke; 8fach lichtschwächer sogar, wenn sie mit Objektiven 1,2 bzw. 1,4 Lichtstärke aus dem Normalbereich 50-mm-

100 mm Makro

50 mm Makro

und 85-mm-Brennweiten verglichen werden.

Diese Tatsache hängt wiederum mit der Konstruktion und der Korrektur der Makro-Objektive zusammen. Sie besitzen als Ausgleich die Möglichkeit, beim 50-mm-Makro-Objektiv bis Blende 22 abzublenden und beim vergleichbaren 100-mm-Objektiv sogar bis Blende 32 das Objektiv zu schliessen. Dieser Umstand kommt der Aufnahmeanforderung im Nahbereich natürlich sehr entgegen, so dass die mögliche Beeinträchtigung der geringen Lichtstärke bei Verwendung der Makro-Objektive als Normalbrennweite hier voll aufgefangen wird. Die Objektive 50-mm- und 100-mm-Makro sind nicht nur, wie sich vielleicht vermuten liesse, unter künstlichen Aufnahmebedingungen zu verwenden, sondern sie eignen sich ebenfalls dazu, Gegenstände aus dem Alltagsleben aus ihrer normalen Betrachtungsweise herauszulösen und zu exotischen Bildmotiven zu gestalten. Das können Ausschnitte aus Ihrer normalen Umwelt sein, die bei

100 mm Makro

genauerer Untersuchung von Oberfläche, Farbe, Form, Struktur und Muster mit Hilfe der Makro-Objektive 50- und 100 mm eine Vielzahl von faszinierenden Bildergebnissen zu Tage fördern.

100 mm Makro

Bei diesen «Expeditionen», die durchaus in den eigenen vier Wänden oder vor der Haustür stattfinden können, empfiehlt es sich, störende Dinge, die sich im hinteren Teil des eigentlich aufzunehmenden Motives befinden, durch farbige Kartons, Stoff usw. abzuschirmen, um so einen ruhigen, wenn auch künstlichen Hintergrund zu schaffen. Auch die Beleuchtung von Nahaufnahmen mit Makro-Objektiven kann Probleme verursachen. Hier empfiehlt es sich, neben den Blitztechniken auch andere Lichtquellen zu benutzen. Das können beispielsweise Spiegel oder weisse Kartons zur Umlenkung des vorhandenen Tageslichtes sein.

50 mm Makro

Eine hervorragende Möglichkeit besteht auch darin, mit Makro-Objektiven Bild- oder Schriftvorlagen zu reproduzieren. Auch hier sollte allerdings auf ausreichendes, gleichmässiges Licht sowie auf planparallelen Abstand des Objekts zur Kamera geachtet werden, um Verzeichnungen bzw. ungleiche Beleuchtung der Repro zu vermeiden.
Die Makro-Objektive lassen sich darüberhinaus in jeder, innerhalb der Tabelle vorgestellten Motivgruppe speziell einsetzen. Beispielsweise im Porträtbereich: die Abbildung eines einzelnen Auges oder der Lippen oder aber die Komposition einer Gesichtslandschaft.

Makro-Objektive sind unter den Festbrennweiten die Objektive mit den vielseitigsten Verwendungsmöglichkeiten – nämlich als Objektive für den Fern-, Halbtotalen-, Nah- und Makro-Bereich.
Das 50-mm-Makro und das 100-mm-Makro haben jeweils gegenüber den normalen Festbrennweiten von 50 mm und 100 mm (85 mm) nur den

50 mm Makro

Nachteil der geringeren Lichtstärke. Das 50 mm ist mit Blen-

50 mm Makro

de 3,5 3–4fach lichtschwächer als ein normales 50-mm-Objektiv (gegenüber besonders lichtstarken 50 mm sogar 8fach lichtschwächer), das 100-mm-Makro mit Blende 4,0 ist 2–4fach lichtschwächer als ein normales 100-mm-Objektiv.
Nur diese Tatsache kann zu der Entscheidung führen, die Makro-Objektive nicht anstatt der normalen Festbrennweiten von 50 mm oder 100 mm (85 mm) zu nehmen, sondern bei Interesse am Makro-Bereich diese Objektive zusätzlich anzuschaffen. In den normalen Makro-Bereich fallen Dinge, die mit dem blossen Auge noch ohne Hilfsmittel gut zu erkennen sind, mit Objektiven normaler Bauart jedoch nicht mehr formatfüllend aufgenommen werden können.
Mit dem 50-mm- und 100-mm-Makro-Objektiven ist es ohne weitere Zusätze möglich, Wiedergaben im Massstab 2:1 zu erreichen. Bezogen auf das Kleinbildformat von 24×36 mm, ist es also möglich, bei nahester Einstellung (dies sind beim 50-mm-Makro etwa 23 cm, beim 100-mm-Makro etwa 45 cm) eine Fläche von etwa 5×7 cm aufzunehmen. Mit den normalen Festbrennweiten von 50 mm und 100 mm und ihren Nahsteineinstellungen von 45 cm und 100 cm beträgt die Fläche vergleichsweise etwa 15×23 cm und entspricht damit einem Massstab von 6:1. Glücklicherweise entfällt heute durch die allgemein übliche Lichtmessung durch das Aufnahmeobjektiv die ehemals lästige Rechnerei mit den Faktoren der Belichtungszeitverlängerungen.

50 mm Makro

50 mm Makro

50 mm Makro

Dennoch ist die Arbeit mit den Makro-Objektiven nicht völlig problemlos. Durch die geringe Schärfentiefe bei ganz geöffneter Blende ist man – wenn es

50 mm Makro

sich nicht gerade um völlig ebene Motive handelt (z.B. Repros von Photos, Bildern, Briefmarken, Landkarten usw.) – gezwungen, stärker abzublenden. Dadurch bedingt, kommt man oft zu recht langen Belichtungszeiten, und sowohl lebendige als auch durch Wind bewegte Motive werden zum Problem.

Die Verwendung höher empfindlicher Filme helfen dieses Problem etwas in den Griff zu bekommen, dennoch ist im Makro-Bereich die Verwendung eines Statives ein fast unumgängliches Muss.

Günstig ist es, wenn das Stativ eine herausnehmbare – und von unten einsetzbare – Mittelsäule hat, denn viele Motive lassen sich nicht von der Stelle bewegen, ohne dass man sie zerstört, so dass man mit der Kamera sehr beweglich sein muss.

Da es dann in Bodennähe oft sehr schwierig ist, in den Sucher zu schauen, ist die Anschaffung eines Winkelsuchers anzuraten.

Die Entscheidung, zu welchem der beiden Makro-Objektive man sich entscheiden soll, hängt weitgehend von den bevorzugten Einsatzgebieten ab. Das 50-mm-Makro eignet sich besser für die reine Re-

100 mm Makro

proarbeit – also das Reproduzieren flacher Vorlagen mit dem Reproständer oder dem Stativ –, schliesst aber natürlich die anderen Motivbereiche nicht aus. Allerdings bedingt der meist sehr kurze Abstand von oft nur 25–30 cm zu den Motiven häufig ein Arbeiten in Bodennähe.

100 mm Makro

100 mm Makro

100 mm Makro

100 mm Makro

Von Vorteil ist hier das 100-mm-Makro, bei dem man immerhin noch 45 cm und mehr Abstand zu den Motiven hat. Das hilft scheue Kleintiere nicht zu verscheuchen und hat ausserdem den Vorteil, dass man sich nicht selber im Licht steht.
Der Hauptreiz der Makro-Bilder besteht wohl darin, dass man kleine Details kleiner Motive oder enger Motivausschnitte vergrössert und in präziser Schärfe sehen kann.
Hierbei sollte man versuchen, alle zum eigentlichen Motiv gehörenden Detail scharf abzubilden. Bei Motiven, bei denen einzelne Teile hervorragen und/oder zurückweichen – z.B. gewölbte Baumrinde, Blätter, Blüten usw. –, muss man also stärker abblenden und vor der Aufnahme natürlich mit dem Abblendknopf die Schärfentiefe kontrollieren.
Das gezielte Einsetzen von Unschärfen (bis hin zur abstrakten, experimentellen totalen Unschärfe) ist auch im Makro-Bereich eines der künstlerischen Gestaltungsmittel – ergibt sich jedoch häufig zwangsweise.
Günstig ist die geringe Schärfentiefe zum Freistellen wichtiger Motivdetails vor unscharfem Hintergrund.
Ebenso wie in anderen Motivbereichen ist auch bei Makro-Motiven darauf zu achten, dass man bei extrem hellen Motiven (hier vor allem Weiss und Gelb) gegenüber dem gemessenen Wert mindestens eine Blende zugibt, um Unterbelichtungen zu vermeiden.

100 mm Makro

100 mm Makro mit Adapter 1:1

1:2–1:1 Makro

Die Makro-Objektive lassen sich in einem Zug (stufenlos) von Unendlich bis zum Abbildungsmassstab 1:2 (= natürliche halbe Grösse) einstellen. Mit dem 1:1-Adapter erreicht man Abbildungsmassstäbe zwischen 1:2 und 1:1 (= natürliche Grösse). Werden Zwischenringe oder ein Balgengerät zwischengeschaltet, sind darüber hinaus hervorragende Makro-Aufnahmen im vergrösserten Massstab möglich. Dabei kann man in allen Fällen nur mit dem Stativ befriedigende Ergebnisse ohne Verwacklungen erreichen. Lange Belichtungszeiten ergeben sich auch zwangsläufig durch das notwendige Abblenden der Objektive, um ein paar Millimeter mehr Schärfentiefe zu erreichen. Motive finden sich zahlreich in der Natur, aber auch in unserer Kulturwelt – wie etwa der Blick in die Knopfschachtel.

1:2–1:1 Makro

Die Qualitäts-Makroobjektive der Brennweiten 50 mm und 100 mm können ohne weitere optische Ergänzungen bis zum

Massstab 1:2 eingesetzt werden. Um darüberhinaus bis zum Massstab 1:1 zu kommen, werden jeweils Zwischenringe (Adapter) angeboten. Bei deren Verwendung wird keine der Kamarafunktionen gestört – das Sucherbild ist weiterhin hell (und somit die Schärfe sehr exakt einstellbar), auch die Belichtungsmessung und die Belichtungsautomatik können ohne Einschränkungen benutzt werden. Wie schon erwähnt ist das 50-mm-Makroobjektiv besonders günstig für die Reproduktion kleiner, mittlerer und auch grösserer flacher Vorlagen – wie Karten, Stiche, Buchillustrationen, Photomontagen, Serien, Sequenzen usw. – einzusetzen. Im absoluten Nahbereich ist im Einzelfall sicherlich der grössere Schärfentiefenbereich des 50 mm für den Einsatz von Wichtigkeit, im allgemeinen bietet das 100-mm-Makroobjektiv zahlreiche Vorteile.

Der grundsätzliche grössere Abstand zum jeweiligen Motiv verhindert, dass man sich selber im Licht steht (d. h., dass der eigene Schatten oder der Schatten der Kamera das Licht wegnimmt), und erhöht auch die Chancen, an kleinere Tiere heranzukommen, ohne sie zu

verscheuchen. Auch beim Arbeiten mit dem Reproständer lässt das 100 mm durch seinen Motivabstand mehr Freiheiten der Lichtführung zu – sei es, dass man mit der natürlichen Beleuchtung der Sonne und mit eventuellen Gegenlichtaufhellungen (mit einem Spiegel, Alufolio oder weissem Papier/Karton) arbeitet oder auch mit Kunstlicht von zwei oder mehreren Seiten.

Bei Aufnahmen aus der Hand ist die Gefahr der Verwacklungsunschärfe beim 100 mm natürlich noch grösser als beim 50 mm. Aufnahmen ohne Stativ sind an sich nur bei sehr guten Lichtverhältnissen möglich, wobei man – um zu Belichtungszeiten von 1/125 Sekunde und 1/250 Sekunde zu kommen – meist nur auf einen mittleren Blendenwert von 5,6, 8 oder (selten) 11 kommt. Die Schärfentiefe ist sowieso eines der zentralen Probleme bei der extremen Makrophotographie, dem (logischerweise) lediglich bei flachen oder nur leicht gewölbten Objekten wenig Bedeutung zukommt. Bei plastischen, dreidimensionalen Motiven sind partielle Unschärfen kaum zu vermeiden. Bei Aufnahmen ohne Stativ ist dabei der Kontrast Schärfe gegen Unschärfe das tragende künstlerische Gestaltungsmittel. Die Spannweite der Anwendung reicht dabei von der totalen Unschärfe – also einem experimentellen Spielen mit Farben und Formen – bis zu Vordergrund- und Hintergrundunschärfen.

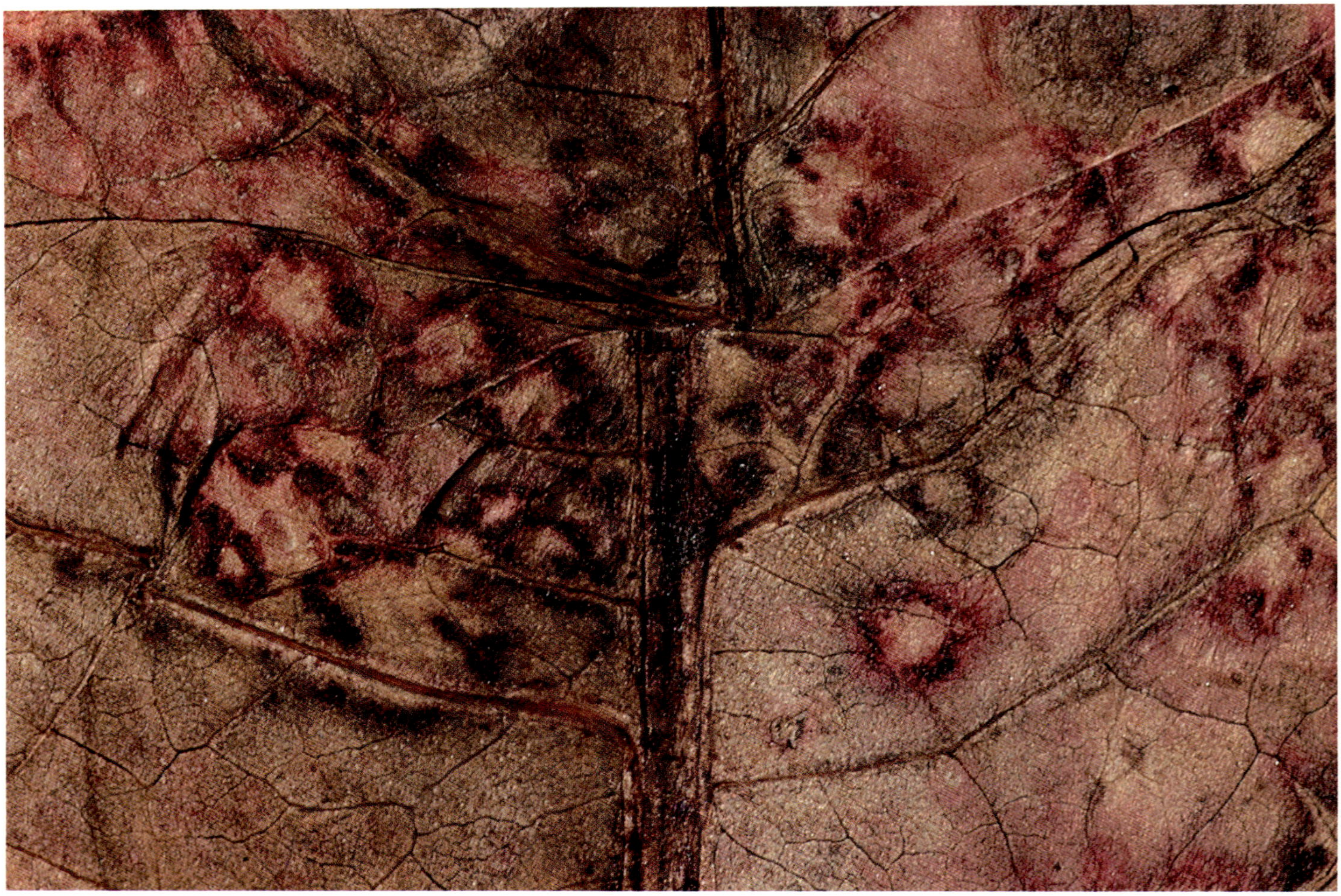

Besteht trotz Arbeiten aus der freien Hand der Wunsch oder die Notwendigkeit einer grösseren Schärfentiefe, bietet die Verwendung von höher- oder höchstlichtempfindlichen Aufnahmematerialien (also 23- oder 27-DIN-Filme mit der Möglichkeit des «Puschens mit Sonderentwicklung» um weitere 3 oder gar 6 DIN) einen Ausgleich. Dabei muss man natürlich ein – im einen oder anderen Falle auch deutlich sichtbares – gröberes Filmkorn in Kauf nehmen. Die gezeigten Bildbeispiele sind jedoch ausschliesslich auf Filmen von 19 DIN photographiert, wobei die damit verbundenen längeren Belichtungszeiten auch noch Bewegungsunschärfen zum Problem werden liessen. Schon der leiseste Windhauch bringt ein bewegliches

Objekt (Pflanzen, Blumen, Federn usw.) aus der Schärfenzone und/oder lassen Verwischungen des Motivs entstehen.
Um im Freien wirklich in Ruhe und mit kleinen Blenden – und damit verbundenen langen Belichtungszeiten – arbeiten zu können, empfiehlt es sich, einen Windschutz zu konstruieren. Dabei lassen sich gut ausgewählte Stoffe öfters auch als ideale (unscharf abgebildete) Hintergründe einsetzen. Bei intensivem Interesse am Makrobereich in Innenräumen und in der Natur ist ein Stativ mit herausnehmbarer Mittelsäule notwendig, um mit der Kamera auch in Bodennähe kommen zu können. Sehr praktisch ist in diesem Zusammenhang ein Winkelsucher (360 Grad drehbar), mit dem man auch dann noch das Sucherbild bequem sehen kann. Der durch einen Adapter vergrösserte Objektivauszug und der eventuell auftretende Schwarzschildeffekt (Langzeitbelichtungsfehler) machen es notwendig, auf eine Belichtungskorrektur zu achten.
Die Bildreihe der blauen Fla-

sche mit dem Wassertropfen lässt erkennen, dass für eine gleichbleibende Dichte gegenüber der ersten Aufnahme mit offener Blende (3,5) bei einem mittleren Blendenwert (8–11) eine Korrektur von ½ Blende plus und bei geschlossenem Blendenwert (22) eine Korrektur von einer ganzen Blende plus gewesen wäre.

Die freie Makrophotographie kann unter unterschiedlichen Zielsetzungen und unterschiedlichem künstlerischem Anspruch eingesetzt werden. Die einfachste Ebene ist der «Lupeneffekt», indem man kleine, allgemein bekannte Objekte genauer sichtbar macht. Es ist ein vergrösserndes Reproduzieren ohne gezielte Abstraktion – wenn man davon absieht, dass natürlich jeder Ausschnitt aus einem

Motiv eine Abstraktion bedeutet.

Diese Bilder bringen dem Betrachter keine oder nur sehr wenig Überraschungen – kleine Knöpfe, eine Fliege, die Struktur eines Maiskolbens. Interessanter ist es schon, Bekanntes zu entfremden. Etwa durch einen bewussten engen Ausschnitt die Umrissformen eines Motivs (etwa eines Blattes, einer Feder, eines Steines usw.) zu «verschweigen», um möglicherweise durch die Komposition sogar Assoziationen zu anderen Dimensionen und Motivbereichen zu schaffen. So können die waagrechte Linie eines Federkieles, der Farbverlauf auf einer Glasscheibe oder die Staffelung mehrerer waagrechter Linien zerstossener, verschiedenfarbiger Papiere den Eindruck von künstlichen, phantastischen Landschaften erge-

ben. Es kann durchaus eine Weile dauern, bis man sich in die Welt der kleinen Dinge hineingesehen und hineingedacht hat. Doch wenn einen die Faszination des Formen- und Farbenreichtums des Makrobereiches einmal gepackt hat, erkennt man die unbegrenzte Motivpalette – Holz-

strukturen und Rinde, Farbe und Rost, frische und getrocknete Pflanzen, Oberflächen und Strukturen usw. Ein interessantes Gebiet ist auch der Druckraster (bei Plakaten, Postern und in Magazinen) oder auch das direkte Filmkorn.

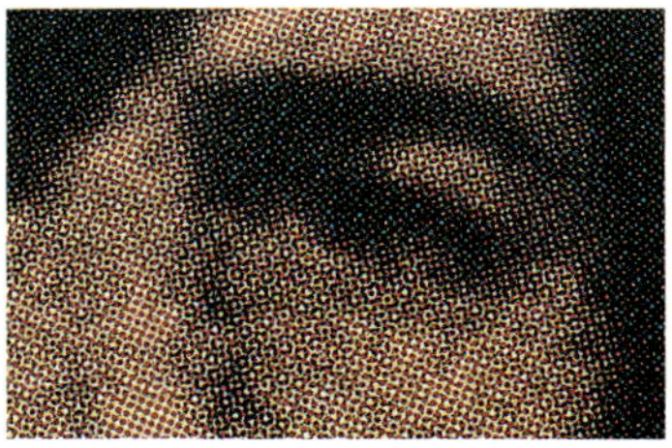

So zeigen einige der Bildbeispiele enge 1:1-Ausschnitte aus 13 × 17-cm-Farbvergrösserungen, bei denen das Ausgangsnegativ das Pocketformat (12 × 17 mm) hatte. Die optische Auflösung der Flächen in das Filmkorn der einzelnen Farbschichten bringt einen pointillistischen Effekt in die Bilder.

85 mm

Experimentelles Spiel

In der Bildgestaltung und im Farb-Design gibt es einige grundlegende Gesetzmässigkeiten und Regeln. So sind es die Probleme der primären Gestaltungsmittel Punkt, Linie und Fläche oder die sieben wichtigsten Farbkontraste wie der Farbton-Kontrast, der Komplementär-Kontrast, der Kalt-Warm-Kontrast, um nur einige zu nennen.

Ein Durchbrechen dieser Regeln – die auf keinen Fall als Rezepte verstanden werden dürfen –, ein «Auf-den-Kopf-Stellen» der Probleme führen zu einem experimentellen Umgang mit dem Format, der Form und der Farbe.

Es wird ein experimentelles Spiel mit der Bildgestaltung. Ein allererstes Herantasten an unterschiedliche Motivwirkungen im Format ist der Wechsel zwischen dem Hoch- und dem Querformat.

Das nebenstehende Bild ist eine Variante des Titelbildes, wobei Veränderungen in der Hell-Dunkel-Gewichtung, der formalen Bewegung und natürlich im Bildausschnitt entstehen.

Minima

Das experimentelle Spiel mit dem Mengenkontrast, bei dem abweichend von den harmonischen Quantitäten von Farbe und Form, mit sehr grossen Kontrasten der Farbmengen und den Gross-Klein-Verhältnissen der Formen gearbeitet wird.

Ein allen Menschen angeborenes Verlangen ist es, sein Umfeld nach harmonischen, ausgeglichenen Proportionen in Formen, Farben und Quantitäten zu gestalten. Neben

dem selbstgestalteten privaten Umfeld werden von uns auch in der Natur, in der Architektur, in allen kulturellen Bereichen diese «idealen» Proportionen gesucht. Für alle visuellen Medien, also auch für das photographische Bild, gibt es einige Gestaltungsprinzipien, die im Ergebnis auf Ausgeglichenheit, auf Harmonie zielen.
Allem übergeordnet ist das Zusammenspiel der Positivform(en) zu der(den) Negativform(en) in ihrer Gesamtwirkung. Innerhalb des Bildfeldes bildet immer der Motivteil, welcher vom Auge zuerst fixiert wird, die Positivform, während durch das (im Idealfall ruhige)

verbleibende Umfeld die Negativform entsteht.
Auf der Präsentationsebene, dem Plazieren von Photos auf einem Passepartout, im Rahmen, in einer Zeitschrift, im Buch, im Kalender, bei einer Ausstellung usw., ist das gesamte Bildfeld die Positivform und das verbleibende Umfeld die Negativform. Welches Gewicht gerade unter diesen Gesichtspunkten die Präsentation von Photos, das sogenannte Layout, hat, ist sicherlich bei vergleichender Betrachtung von Photozeitschriften und Photobüchern zu erkennen.
Eng mit der Positiv-Negativ-Form verbunden ist der Hell-Dunkel-Kontrast. Je ausgeprägter eine Hell-Dunkel-Kontrastierung in einem Photo ist, desto betonter ist die jeweilige positive Form eines Motives

und damit natürlich auch die negative Form.
Ausgeglichene Quantitäten gehen auf die Mass- und Mengeneinheiten des Goldenen Schnittes zurück. Misst man im Bild vorhandene Hell-Dunkel-Quantitäten oder kontrastierende Farb-Quantitäten, überprüft man die Lage von bildwichtigen Elementen in Photos, die ausgeglichen wirken – Quantitäten und Masseinheiten werden immer in der Nähe der Zahlenreihe des Goldenen Schnittes (2:3, 3:5, 5:8, 8:13 usw.) sein.
In der Farbtheorie sind die Quantitäten des Komplementär-Kontrastes die harmonischen Kontrastierungen. Die idealen Mengenverhältnisse der sich im Farbkreis gegenüberstehenden (komplementären) Farben (1:1 bei Rot und Grün, 1:2 bei Orange und Blau, 1:3 bei Gelb und Violett) werden von ihrer Leuchtkraft bestimmt. Die hellere, stärker leuchtende Farbe braucht als Gegengewicht eine grössere Menge einer dunkleren, matteren Farbe.
Optische Mischungen (z. B. Farben auf einer sich drehenden Scheibe) ergeben bei Komplementärfarben in richtigen Quantitäten sowie bei ausgeglichenen Hell-Dunkel-

Kontrasten einen neutralen, mittleren Grauwert – den «Inbegriff» von Ruhe, Harmonie und Ausgeglichenheit.
Beim Betrachten von Bildern sind wir – auch ohne Schulung – gut in der Lage, diesen neutralen Grauwert zu empfinden. Jede Abweichung von der Ausgeglichenheit, den Harmonie-Quantitäten, jeder extreme Kontrast in Farbe und Form wird als «Aufregung» gewertet. Diese Wertung kann nun allerdings von Betrachter zu Betrachter unterschiedlich sein. So kann z. B. eine extreme Farbmengenkontrastierung (eine sehr kleine Menge einer Farbe im Kontrast zu einer sehr grossen Menge einer zweiten Farbe) sowohl als interessante Komposition als auch als «unmöglich», als zu extremes Ausspielen der Kontraste gewertet werden.
Das experimentale Spiel mit

minimalen Qualitäten ist nach keiner Richtung hin eingegrenzt – weder in der Motivwahl noch in der Farbwahl oder in der Anzahl der verwendeten Farben.
Trotz aller Anschnitte oder trotz sehr kleiner Wiedergabe sind fast alle Motivelemente der Abbildungen zu definieren – Details von Architekturen, Autos und plastischen Figuren, Symbole unseres technischen Zeitalters und Naturelemente wie Bäume und Wolken.
Die dabei angewendeten Farbkontraste sind der Komplementär-Kontrast (z. B. Orange – Blau), kräftige Farbkontraste (Gelb – Blau, Rot – Blau, Gold – Blau), verhaltene Farbkontraste (Grün – Blau), Farbdreiklänge (Gelb – Rot – Blau, Gelb – Grün – Blau) und ein Hell-Dunkel-Spiel in der Skala der unbunten Farben (Weiss – Grau – Schwarz).
Die quantitative Kontrastierung der Farben reicht von nahezu ausgeglichen (etwa die roten Tischtücher auf dem Trockenständer oder der hellgrüne Giebel, jeweils gegen den blauen Himmel) bis zu extremen und extremsten Mengenunterschieden (dem expressiven Mengenkontrast wie

z. B. das Autoheck und die gemennigte Brunnenfigur, die gelbe Ampel und die goldene Hand jeweils von blauem Himmel oder das Mini-Rot der Strassenlampe im grauen Wolkenmeer).
Trotz aller gestalterischen Sparsamkeit haben viele der Sujets auch «Inhalte», zeigen Probleme auf (z. B. den Kontrast von Natur und Technik) oder lassen der Phantasie einen breiten Spielraum der Interpretation (z. B. der Blick der Figur zum Licht, der Griff der goldenen Hand in die Leere, das einsame Haus). Dennoch – vordergründig soll es gestalterisches Spiel sein.
So «wandert» das Minimum, die kleine Farbmenge, von der Mitte in die rechte oder linke Ecke, ist grösser, ist kleiner – ist in jedem Falle immer flächenbeherrschend.
Und damit vermittelt dieses experimentale Spiel Erfahrungswerte, vermittelt Sicherheit im Umgang mit Farbe und Form.

Mittelteilungen

Die den Gestaltungsregeln widersprechende direkte Mittelteilung einer Fläche führt von vermeintlicher Langweiligkeit zum Gefühl äusserst sensibler Spannungen.

Zu einem experimentellen Spiel mit dem Gestaltungsmittel kommt man immer am schnellsten, wenn man bestehende Regeln missachtet. Eine seit langem bestehende Regel besagt, dass man den Horizont – im weitesten Sinne also eine waagerecht verlaufende Linie – nicht in die Bildmitte legen darf, da die Bildfläche sonst in zwei Teile (oben und unten) zerfällt. Versuche zeigen, dass dieses zum Teil zutrifft, doch tritt diese optische Wirkung vorrangig bei Hochformaten auf.

Der Horizont, die Waagerechte, hat dabei nur eine kurze Strecke durch das Bildfeld, und das Auge empfindet die Verbindung der linken mit der rechten Bildkante als sehr intensiv. Das Format wird optisch in zwei gedrungene Rechtecke geteilt. Viel weni-

ger intensiv ist diese optische Wirkung jedoch beim Querformat. Die waagerechte Linie, der Horizont, ist gleichlang wie die beiden längsten Bildkanten des jeweiligen Querformates (oben und unten), und die Bildfläche wird in zwei schmale waagerechte Streifen geteilt.

Unterschiedliche Farbigkeit, Kontraste in der Struktur, Gegensätze im Hell-Dunkel – all diese Differenzierungen werden gerade durch die Spannungslosigkeit der direkten Mittelteilung weit intensiver empfunden.

Die Bildbeispiele zeigen einige dieser Gegensätze.

So steht durch Wellen und Schaum strukturiertes Wasser gegen ein wolkenloses Blaugrau des Himmels oder die ockerfarbige Wand mit der

Struktur von Flecken und Rissen gegen den blauen Himmel mit den aufgerissenen weissen Wolken. Die Strandhäuser bilden eine breitere helle Linie, wobei die beiden Streifen oben und unten die Farbe Blau in unterschiedlichen Qualitäten zeigen. Während das frischgestrichene Planschbekken eine reine, glatte Farbfläche hat, ist der Himmel blaugrau und durch Wolkenstruk-

tur aufgelockert. Die Wiederholung von Farbe und Form in gedämpfter Wiedergabe entsteht bei allen Spiegelungen. Obere und untere Bildhälfte werden fast identisch und fügen sich optisch wieder zu einer Einheit zusammen.

Die Kraft der senkrechten Linie zeigt sich ansatzweise in dem Bild mit dem roten Geländer. Obwohl die kurze Senkrechte in der Bildmitte gegen drei

durchgehende waagerechte Linien steht (den Horizont und die zwei Geländerstangen), kann sie sich als bildwichtigstes Element behaupten.
Eine Mittelteilung eines Formates durch eine Senkrechte ist sehr gegensätzlich zur Mittelteilung eines Formates durch eine Waagerechte.
Bedeutet die Waagerechte Ruhe (Ferne, Kühle), so ist die Senkrechte die Nähe, die Wärme, etwas sehr Direktes – etwas, das unmittelbar vor einem steht.
Kann man über eine oder mehrere waagerechte Linien in die Tiefe nach hinten in ein Bild eindringen, so ist es fast unmöglich, auch nur an einer einzelnen senkrechten Linie vorbeizusehen, ohne immer wieder im Vordergrund hängenzubleiben.
Ein senkrecht stehender Gegenstand (ein Mast, eine Fahnenstange, ein Schornstein, ein schlanker Baum usw.) erscheint in seiner Höhe weit eindringlicher, als der gleiche Gegenstand – in voller Länge auf den Boden gelegt – lang erscheint.
Der Blick von unten nach oben (oder von oben nach unten) ist ungewohnter und somit in dem Abschätzen von Höhen und Tiefen ungeübter.
Diese fehlende Übung führt zu optischen Überbetonungen.
So wird das Zwei-zu-drei-Seitenverhältnis des Kleinbildformates, als Querformat genutzt, als harmonisch in seinen Proportionen empfunden. Dasselbe Format, ohne Veränderung der Proportionen hochkant gestellt, wirkt sowohl zu schmal und zu hoch als auch optisch etwas grösser.
Eine senkrechte Mittelteilung eines Hochformates ergibt zwei optisch sehr schmale,

hohe Streifen, ohne jedoch eine vordergründige Halbierung des Bildes zu bewirken.
Deutlich anders jedoch bei der Teilung eines Querformates durch eine von oben nach unten durchgehende senkrechte Linie oder einen Streifen. Hier gibt es sofort eine intensiv empfundene Teilung der Fläche in eine linke Seite und eine rechte Seite. Je nach Motiv können sich die Hälften

deutlich voneinander unterscheiden oder fast spiegelgleich wirken.

Eine Trennung durch die Farbe ist bei dem Bild mit der roten und der blauen Bildhälfte gegeben, während bei der geschwungenen Treppe eine deutlich sichtbare abweichende Gestaltung Unterschiede in den Bildhälften zeigt. Sind sich die Bildhälften in Farbe, Struktur und Gestaltung jedoch sehr ähnlich, erscheint auf den ersten Blick eine Symmetrie von rechts und links.
Der aufmerksame Betrachter entdeckt dann jedoch die leichten Unterschiede. Meist ist die durchgehende Senkrechte ein Störelement und wird im Einzelbild auch als solches empfunden. Sicherlich besteht hierbei noch ein Unterschied zwischen natürlichen Mittelteilungen und denen, die der Photograph absichtlich in seine Komposition einsetzt. Dennoch besagt die Regel, dass man dieses Störelement meiden soll.
In der Serie präsentiert, beweist sich jedoch wieder eine andere Regel: durch Quantität (also in diesem Falle die konstante Komposition der Mittelteilung) kann eine neue Qualität entstehen.

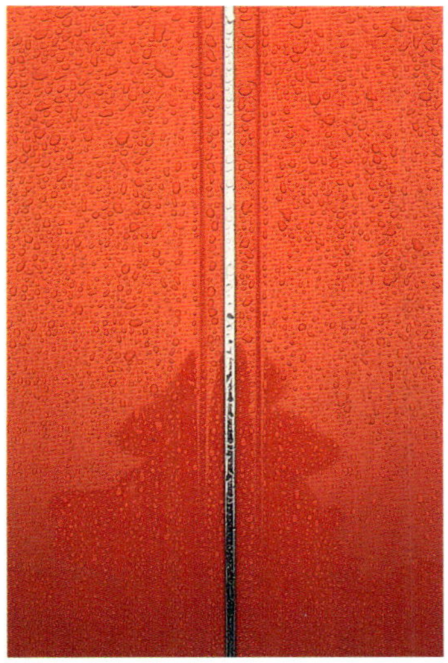

Formanschnitte

Markante Formen wie das Dreieck, der Kreis usw. oder bekannte Gegenstände wie z. B. ein Auto, eine Kirche o. ä. werden meist ohne Anschnitte abgebildet. Geringe oder stärkere Formanschnitte bedeuten sowohl für den Photographen als auch für den Betrachter eine intensivere Auseinandersetzung mit der Form und dem Gegenstand.

Neben dem Punkt und der Linie ist die Form (die Fläche) das dritte Hauptelement der Bildgestaltung. Die Fläche ist in Form der Gesamtbildfläche immer Bestandteil eines Photos – im Normalfall ein Quadrat oder ein Rechteck.

Innerhalb der Bildkomposition können Formen durch eine günstige Lage mehrerer Punkte als sogenannte «optische Form», durch eine zu ihrem Ausgangspunkt zurückgeführte Linie als «linienaktive Form» oder vollflächig als «flächenaktive Form» auftreten. Kombinationen dieser drei Möglichkeiten der Flächenbildung untereinander sind ebenfalls möglich.

Man unterscheidet zwei Hauptgruppen von Formen: die Kulturform und die Naturform. Als Kulturform werden die geometrischen Formen, wie Kreis, Dreieck, Quadrat, Rechteck, Oval usw., bezeich-

net, wobei allerdings auch geometrische Formen in der Natur zu finden sind (z. B. der Kreis bei Sonne und Mond, bei Blüten und Kakteen, bei Muscheln und Quallen u. a.). Die freien Formen (Naturfor-

men) sind teilweise sehr bekannt und können lebendig und in ihrer Form selbständig wechselnd sein (Menschen, Tiere, auch Pflanzen) oder unbeweglich und in ihrer Formwirkung nur durch einen veränderten Standpunkt des Betrachters wechselnd (z. B. Steine, Felsen, Bäume, Landschaften u. a.) auftreten.

Eine mehr oder weniger freie Form kann natürlich auch vom Menschen geschaffen sein. Hierbei reicht die Spannweite von der völlig freien Form ei-

ner Plastik, eines Spielzeugs, eines Möbelstückes, eines Gebrauchsgegenstandes usw. bis zu Kombinationen von mehreren geometrischen Formen, die als Endprodukt eine selbständige Form ergeben (z. B. Autos, Fahrräder, Architekturen u. a.).

Bei der Bildgestaltung mit Formen tritt ausserdem sofort das Problem der Positiv-Negativ-Form auf. Die eigentliche Form, die entweder durch ihre Farbe, ihr kontrastierendes

Hell–Dunkel oder durch das «Erkennen» als positive Form fixiert wird, ist von dem Rest der Bildfläche als verbleibende negative Form umgeben.

Das quantitative Spannungsverhältnis von positiver zu negativer Form (z. B. gleichgewichtig, harmonisch ausgeglichen, extrem kleine Formen gegen grosses Umfeld u. a.) trägt massgeblich zu der Wirkung eines Bildes bei.

Zusätzliche Spannung entsteht, wenn Formen angeschnitten werden, d. h. wenn eine Form nicht voll auf der Bildfläche abgebildet ist. Je nach Deutlichkeit und Erkennbarkeit der Form (des Gegenstandes) wird diese Form (dieser Gegenstand) optisch ausserhalb der Bildfläche ergänzt – eine sogenannte imaginäre Form entsteht.

Mit am eindeutigsten wirken angeschnittene Kreise. Der Verkehrsspiegel hat trotz seines Anschnittes die Wirkung

eines vollen Kreises. Eine sehr spannungsreiche Komposition ergibt sich aus dem links angeschnittenen und zum Halbkreis werdenden orangen Rettungsring, im Kontrast zu der grossen Himmel-Meer-Fläche.

Bei einer Reihung von Kreisformen, so in den Bildbeispielen der Fässer und Töpfe, ergeben sich in der Halbtotalen automatisch angeschnittene Formen – es entstehen Halbkreise und Kreisabschnitte.
Bei dem roten Scheunentor wirken die rechten Winkel der unteren Bildecken so stark «blickbremsend», dass die beiden Kreisanschnitte nur als Viertelkreise gesehen werden.
Die weiteren Bildbeispiele zeigen mehr oder weniger bekannte Formen in Anschnitten.
Zwischen dem Sonnenschirm und den ebenfalls angeschnittenen Häusern entsteht eine sehr aktive Negativform.
Die Teilformen des rosa Autos, des Fahrrades, des roten Getreidesilos und des quadratischen Verkehrsschildes werden, bedingt durch den Grad der Kenntnis des Betrachters um die jeweilige Vollform dieser Objekte, mit mehr oder weniger Phantasie optisch ergänzt.

Unschärfen

In einer Photographie entstehen Unschärfen meist durch Bewegung von Kamera und/oder Motiv sowie durch die Einstellung des Objektives in Verbindung mit der Wahl der Blende. Darüber hinaus gibt es aber noch zahlreiche experimentelle und gestalterische Möglichkeiten, Unschärfen im Bild zu erreichen.

Das experimentale Spiel mit Schärfe und Unschärfe als Gestaltungsmittel hat zwei Motivgruppen. Einmal Motive, die normalerweise detailliert scharf dargestellt werden sollten und bei denen durch «fehlerhaftes» Einsetzen der Technik und/oder durch andere Manipulation absichtlich partielle oder totale Unschärfen entstanden sind – zum anderen Motive, bei denen, z. B. durch Witterungsverhältnisse (Regen, Nebel usw.), nur ein bedingt scharfes Bild erreicht werden kann. Zunächst sind

natürlich ungewollte Unschärfen zu vermeiden. Die am häufigsten vorkommenden ungewollten Unschärfen bei der Aufnahme sind ungenaue Schärfeeinstellung und das Verwackeln der Kamera. Jeder Photograph muss natürlich selber austesten, bis zu welcher Verschlusszeitlänge er z. B. mit dem 50-mm-Objektiv, mit dem 85-mm-Objektiv, mit dem 135-mm-Objektiv usw. noch absolut verwacklungsfrei aus der Hand photographieren kann.

Drei Faktoren werden dabei häufig nicht bedacht:

1. Es ist ein Unterschied, ob man gut ausgeruht bei einem ruhigen Spaziergang ein paar Aufnahmen macht oder mitten

in einer Anstrengung oder Anspannung (z. B. beim Bergsteigen oder nach einer längeren Autofahrt) anhält, um zu photographieren. Dieser «Unterschied» macht sich sicherlich in ein bis zwei Zeitstufen bemerkbar!

2. Man sollte beim Photographieren immer fest auf beiden Beinen stehen, d. h. nicht schon einen Fuss lässig auf der nächsten Treppenstufe oder auf einem Felsbrocken plazieren und praktisch das ganze Körpergewicht auf einem Bein balancieren!

3. Es ist ratsam, sich bei längeren Brennweiten, also Teleobjektiven (schon ab 135 mm), möglichst keine längeren Verschlusszeiten aus der freien Hand zuzutrauen. Zu schnell ist auch 1/250 Sekunde mit dem 200-mm- oder 300-mm-Objektiv verwackelt. Ein Anlegen oder Auflegen der Kamera an/auf Bäume, Masten, Mauern, Zäune usw. kann häufig ein Stativ ersetzen.

Verwacklungsunschärfen zählen also noch nicht zu den gewollten Unschärfen, die als Mittel zur experimentellen Gestaltung eingesetzt werden. Die Möglichkeiten, gezielt zu partiellen oder totalen Unschärfen zu kommen, sind vielfältig und können grob in

sechs Bereiche eingeteilt werden.
1. Einstellunschärfen. Hierzu gehören Vordergrund- und Hintergrundunschärfen sowie totale Unschärfen mit fliessenden Übergängen in Farben und Formen (Arbeit möglichst mit offener Blende).
2. Verstellunschärfen. Hierzu gehören Objektivverstellungen während der Aufnahme (Langzeitaufnahmen vom Stativ unter gleichzeitigem Verstellen der Brennweite bei Zoom-Objektiven und/oder Verstellen der Schärfenebene) und Doppelbelichtungen (erste Aufnahme scharf, zweite Aufnahme unscharf eingestellt).
3. Kamerabewegung. Motivverwischungen zu teilweiser oder totaler Unschärfe durch waagrechte, senkrechte diagonale, axiale oder völlig freie Bewegung bei unterschiedlich langen Belichtungszeiten, meist aus der Hand.
4. Motivbewegung. Bewegung eines Motivs oder Motivteiles auf die Kamera zu, von der Kamera weg oder an der Kamera vorbei, bei feststehender Kamera und längeren Belichtungszeiten.
5. Motiv- und Kamerabewegung gleichzeitig. Mitziehen der Kamera bei sich bewegenden Motiven mit einer der Geschwindigkeit der Bewegung angepassten Belichtungszeit.
6. Filter. a) Naturfilter wie Regen, Nebel, Dunst, Schneefall usw., b) industriell gefertigte Filter wie Weichzeichner, Sternfilter usw., c) «selbstgefertigte» Filter wie Fettscheibe, Seidenstrumpf, anhauchen usw., d) Zwischenebenen wie beschlagene Scheiben, Glas-

strukturen, durchsichtige Stoffe usw.
Um zu Erfahrungswerten mit allen diesen Möglichkeiten zu kommen, gilt es einige Filme zu «opfern». An mindestens drei Motiven unterschiedlicher Art werden von den Unschärfenbereichen der Punkte 1 bis 6 soviel wie möglich realisiert. Ein Motiv sollte statisch, also völlig unbeweglich sein (z. B. ein Stilleben), ein Motiv teildynamisch, also, verursacht durch eine fremde Kraft, beweglich sein (z. B. Wäsche auf der Leine/Wind) und ein Motiv dynamisch sein, sich also durch eigene Kraft bewegen können (Mensch oder Tier).
Bei ernsthafter Auseinandersetzung auf diesen drei Ebenen können wertvolle Erfahrungen im Bereich der Belichtungszeiten in Relation zu Verwischungsgraden und Bewegungsarten, über optische Mischungen von Farben, über

Hell-Dunkel-Veränderungen und vieles mehr gesammelt werden.
Später genügt es oftmals, nur ein- oder zweimal mehr auszulösen, um gezielt zu zusätzlichen interessanten Motivvarianten zu kommen.
Die Abbildungen sind Beispiele aus 4 der 6 aufgelisteten Unschärfenbereiche. Die beiden Musikantenbilder und das Bildpaar der violetten Blüten gehören zum Bereich 1, den Einstellunschärfen.
Teilweise oder nahezu völlige Vordergrundunschärfe durch Personen und Instrumente steigert den Kontrast zu den scharf abgebildeten Musikern. Das die Blumen in einem Gewächshaus schützende Glas

mit Drahtstruktur hat bei Scharfeinstellung auf die Blüten nur leichte Softwirkung. Bei Scharfstellung auf die Struktur werden die Blumen zur Farbimpression.
Zum Bereich 3, der Kamerabewegung, gehört das völlig ungegenständliche Bild in Grün-, Ocker-, Rosa-Tönen. Durch senkrechtes Verziehen der Kamera bei ¼ Sekunde Belichtungszeit wurde eine mit Efeu bewachsene Wand zum abstrakten Farbspiel.
Für den Bereich 4, die Motivbewegung, ist das Beispiel des vorbeihuschenden Mannes vor einer Imbissbude auf dem Frankfurter Bahnhof.
Bilder aus dem Bereich 6, Aufnahmen mit Filtern, sind weniger «Überraschungsbilder» als die der Bereiche 2, 3, 4 und 5, da die Einwirkungen der Filter in Richtung Motivunschärfe fast schon immer im Sucher sichtbar sind. Das Naturfilter «Nebel/Dunst» führte um 5 Uhr morgens zu einem Architekturbild ohne harte Konturen, schon zwei Stunden später dann die kontrastreiche Aufnahme desselben Motivs.
Wassertropfen auf der Windschutzscheibe bei leicht unscharfer Dorfszene in Portugal und Kondenswasser an der Schaufensterscheibe eines Blumenladens in Venedig sind einbezogene bzw. vorgefundene Zwischenebenen – ebenso wie die grosse Fliegengaze eines Restaurants in Spanien, unter der Tisch und Stühle wie unter einer riesigen Käseglocke schemenhaft sichtbar werden.

Überlagerungen

Die Verfremdung der Formen und die Veränderung der Farbigkeit machen den Reiz von Überlagerungen aus. Neben natürlichen, vorgefundenen Überlagerungen durch Pflanzen, Blätter, Schatten usw. gibt es viele Möglichkeiten, Überlagerungen selbst durch Gitter, Plastik, Glasscheiben, Stoffe u.a. zu erreichen.

Die verschiedenen Möglichkeiten der Motivüberlagerungen bilden den Hauptbereich einer natürlichen Motiv-Verfremdung.
Der Begriff «natürliche Motivverfremdung» meint nicht die ausschliesslich durch Natureinflüsse verursachte Überlagerung, sondern betont, dass diese Überlagerungen nicht durch photographische Tricks und Hilfsmittel wie Rasterfilter, Sternfilter, Fettscheibe, Seidenstrumpf usw. verursacht wurden.
Als direkte, durch die Natur verursachte Überlagerung eines Motivs gibt es zeitweise auftretende Elemente wie Regen, Nebel, Schnee im Winter, Laub im Herbst u.a., aber auch Langzeitüberlagerungen, die pflanzlicher Art sind (z.B. Efeu, Flechten, Moose, Pilze

u. a.) oder von anderer naturbeeinflusster Art wie vom Wind verwehter Sand, über die Ufer getretene Flüsse, Rauhreif und ähnliches.
Im kulturellen Bereich sind es vor allem Zäune, Gitter und Vorhänge unterschiedlichster

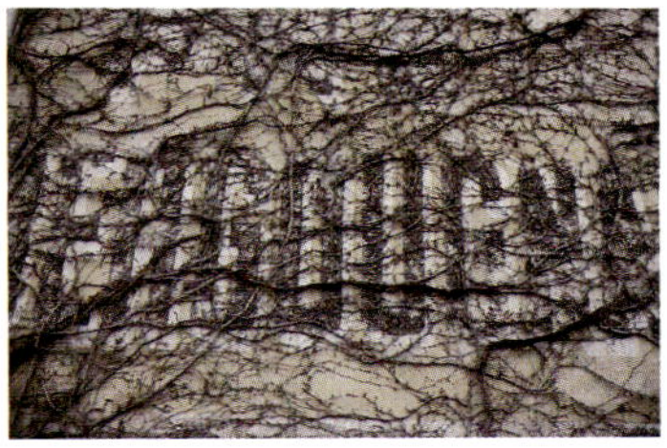

Materialien, die ein Motiv überlagern können. Das Einbeziehen dieser überlagernden Strukturen ist direktes kompositorisches Mittel und ist nicht unvermeidbar – denn meist lässt sich durch ein Naheherangehen, durch die Wahl einer längeren Brennweite oder durch schlichtes Beiseiteschieben (etwa eines Vorhanges) die Überlagerung ausschalten.

Andere Materialien der Überlagerung sind Glas in vielen Arten und Strukturen sowie – jedoch nur gelegentlich reizvoll – diverse Plastikmateria-

lien. Besondere und wechselhafte Überlagerungen werden durch Schatten gebildet. Im Naturbereich sind es häufig Schatten von Bäumen, Ästen und Blättern, im Kulturbereich meist Schatten von Zäunen, Gittern, Strohmatten u. a. Diese aufgezählten Überlagerungen haben meist Strukturcharakter, wobei die Spannweite von der Punktstruktur zur Linearstruktur und Kleinflächenstruktur, von der ungeordneten bis zur geordneten Struktur reicht.

Nicht selten wird dabei ein Strukturmotiv von einer kontrastierenden Struktur überlagert.

Teilweise Motivüberlagerung ist Bestandteil des verwandten Motivbereiches «Verpacktes» wie etwa mit Planen abgedeckte Autos, Schonbezüge auf Möbeln, eingepackte Blumensträusse usw.
In den Bildbeispielen wird nur ein kleinerer Teil der vielfältigen Möglichkeiten von Überlagerungen gezeigt. Die beiden grossen Bilder mit einer Schneeüberlagerung und einer Sandüberlagerung zeigen ausserdem auch die allgemeine Spannweite der Motivbereiche – von der grossen Totalen (ein mit Bäumchen und Büschen bewachsener Felshang) bis zur Nahaufnahme (ein Strukturdetail eines mit Teer und Steinen bedeckten Deiches).

Von Pflanzen überlagert ist das Coca-Cola und der Schriftzug auf einer Fassade in Frankreich.
Das Bildmotiv «Fahrrad» erscheint zweimal und unterschiedlich verfremdet – eine Bastmatte wirft eine Schattenstruktur auf Hauswand und Fahrrad, während das Verkehrsschild «Fahrradweg» mutwillig mit Sprühfarbe überlagert wurde. Die Formen von Tischen und Stühlen im Wiener Prater werden – durch den Zaun gesehen – aufgelöst, verändert.
Die halbtransparenten Gardinenstoffe ergeben, straff gespannt oder locker fallend, gleichmässige bis halbgeordnete Strukturen. Eine gleichmässige, jedoch unterbrochene Strukturüberlagerung mit noch erkennbaren Formen von Tellern, Tassen und Vasen zeigt das Photo eines Antiquitätenstandes in Brüssel, während in einem englischen Erkerfenster das Wohnzimmer in

sanfter Unschärfe hinter der frei hängenden Gardine verschwimmt.
Eine nahezu durchsichtige Überlagerung zeigt das Bild der Backsteine unter der blauen Plastikfolie.

Veränderungen

Die Zeit und das Wetter sowie willkürliche Eingriffe des Menschen sind die Faktoren von Veränderungen von Objekten. Die Reize des Morbiden und Vergänglichen, des Skurrilen – ja Surrealen – zu entdekken ist eine Sache des Sehens und Empfindens des Photographen.

Experimenteller Einsatz der Bildgestaltungsmittel, der Farbe und der Farbkontraste basiert meist auf aktivem Einfluss des Photographen. Durch die Wahl der Brennweite, die Wahl des Standpunktes und die – oft millimetergenauen – Motivanschnitte, Motivausschnitte und Kompositionen beeinflusst der Bildschaffende die formal-farbliche und oft damit auch die inhaltliche Aussage seiner Photos.

In der Vielfalt der Motivwelt gibt es aber auch Bereiche, die als Motiv an sich schon sehr abstrakte oder surreale – und damit auch irgendwie experimentell verfremdete – Wirkung haben. Die Leistung des Photographen besteht in diesen Fällen im Entdecken dieser Motive und in der jeweiligen optimalen Umsetzung in ein gutes Photo.

Die Veränderungen und die Verfremdungen von kleinen und grösseren Bereichen unserer Umwelt kann man in «nor-

male» und «ungewöhnliche» Motive einteilen.
Als mehr oder weniger normale (da alltägliche) Veränderungen werden vor allem Motive angesehen, an denen die «Zeichen der Zeit» sichtbar werden: verrostete Metalle, verwitterte und abgeblätterte Wände und Fassaden, abgeplatzte Farbe von Anstrichen auf Untergründen aller Art, verrottete und abgerissene Plakate an Plakatwänden und Bauzäunen, Alterungsprozesse an Verkehrs- und Firmenschildern und vieles andere mehr. Auch Materialverfremdungen durch Überstreichen werden, da sie häufig zu finden sind, fast als normal empfunden – selbst wenn die überstrichenen Materialien in ihrer eigentlichen Funktion gestört werden (z. B. überstrichenes Glas wie Fensterscheiben, Glas in Türfüllungen usw.).
Als Objekte mit ungewöhnlicher Veränderung werden hingegen meist Gegenstände und Situationen empfunden, bei denen die eigentliche Funktion dieser Gegenstände völlig ausgeschaltet oder gestört wird.

In diesen Bereich gehören zugemauerte oder vernagelte Fenster, Schaufenster, Türen und Tore, verpackte Fahrräder und Autos, eingehüllte Parkuhren und Verkehrsschilder – um nur einige der am häufigsten anzutreffenden Motivbereiche aufzuzählen.
Auch Veränderungen an Informationen und Informationsketten sind auffällig und werden, vor allem wegen der meist damit verbundenen Kuriosität, gesehen und beachtet.
Hierzu gehören nur teilweise leuchtende Neoninstallationen und Neonreklamen, fehlende Buchstaben oder Schriftteile bei Hinweistafeln, Firmenschildern usw.

Ein schönes Beispiel hierfür sind die blauen Buchstaben auf einer Fassade in Frankreich. Schon in der ersten Zeile fehlen Buchstaben. Diese können zum Teil noch erahnt werden, während in der unteren Zeile die ehemaligen Buchstaben zu unentzifferbaren Bruckstücken zerstört sind.

Ein anderes Bildbeispiel zeigt einen Grabstein in England, auf dem Regen, Wind und Wetter die Inschriften bis auf einige Buchstaben und Wortfetzen unleserlich gemacht haben. Teilweise oder völlig unleserlich sind auch die Informationen bei der Decollage auf einer Plakatwand sowie die gleichfarbig übersprühten politischen Parolen an einer Mauer in Italien. Lediglich kleine Papierfetzen sind Reste

von Informationen auf einer Tafel. Fünf Bilder zeigen Beispiele aus dem veränderten Architekturbereich – meist zugemauerte Fenster und Türen. Ein doppelter Kontrast entsteht häufig dadurch, dass die zugemauerten Teile in Verputz und Farbigkeit nicht dem Umfeld angeglichen wurden und die benutzten Backsteine nur in lockerer Ordnung geschichtet sind.

Surreale Stimmung strahlt das Bild mit den eingepackten Zapfsäulen aus – ein Motiv aus der Reihe der Objekte, die durch eine (auffallende) Verpackung sichtbar werden lassen, dass ihre Funktion gestört ist.

Zwillinge

An sich gilt es konkurrierende Dualität in der Bildgestaltung zu vermeiden. Auch hier wird ein Fehler zum Prinzip erhoben, und es entsteht ein spannendes und reizvolles Spiel des Gleichgewichtes. Gleichzeitig bedeutet es auch eine Schulung des Sehens durch das vergleichende Suchen nach Unterschieden zwischen den Formen und Farbigkeiten.

Die Wirkung eines Bildes beruht meistens auf der Addition einer Vielzahl von Elementen der Bild- und Farbgestaltung. Dabei können alle Elemente zueinander sowohl gleichgewichtig als auch untereinander über- oder untergeordnet sein.

Das Gestaltungselement «Punkt» hat in all seinen Varianten fast immer eine flächenbeherrschende Wirkung. Der oder die Punkte können dabei unterschiedliche Formen, unterschiedliches Hell-Dunkel und/oder unterschiedliche Farbigkeit haben. Jede Form in jeder Farbe und jedem Tonwert kann also als Punkt wirken – ausschlaggebend ist lediglich, dass seine Grösse in der Relation zum Bildformat gering ist.

Die Spannweite des Punktes

als Gestaltungsmittel reicht vom einzelnen, flächenbeherrschenden Punkt über die optische (durch Punkte gebildete) Linie, das optische (durch drei Punkte gebildete) Dreieck und andere optische Formen bis zur – durch Punkte gebildeten – Struktur.

Unter dem Begriff «Zwillinge» zeigen die Bilder dieser Seiten Kompositionen, in denen schwerpunktmässig je zwei völlig gleiche, zwei nahezu gleiche oder zwei gleichgewichtige Punkte flächenbeherrschend sind. Eine der Gestaltungsregeln heisst nun zwar, man solle vermeiden, eine Komposition auf zwei gleichgewichtigen Punkten aufzubauen, aber wie alle Regeln soll auch diese nicht als «Rezept» verstanden werden. Darüber hinaus ist es eine Erfahrung, dass in der Wiederholung, also im seriellen Arbeiten, formale, farbliche und inhaltliche Werte eine andere Qualität bekommen. Selbst einfache, als Einzelbild nichtssagende Formen, Farben und Inhalte können in der Addition, in der Wiederholung, eine neue Qualität bekommen. Durch Quantität kann also eine neue, interessante Qualität erreicht werden.

Die Bildbeispiele reichen von «echten» Zwillingen an der Hand des Vaters über zwei fast völlig identische Formen- und Farbelemente zu zwei völlig unterschiedlichen, jedoch gleichgewichtigen Form- und Farbelementen bis zu gleichgewichtigen Bildflächenaufteilungen.

Die völlig verschiedenen Formen werden natürlich sofort als nicht zusammengehörend erkannt. So besteht der Hauptreiz dieser zweigewichtigen Bilder in der interessanten oder kuriosen Kontrastierung von zwei Gestaltungselementen. Beispiele hierfür sind der Arbeiter mit einer Schubkarre im Kontrast gegen das grosse Reklameeis oder der Kontrast der Palme gegen die Strassenlaterne. Bei dem Punktpaar Palme/Laterne (auch als Natur und Technik ein inhaltlicher Kontrast) lenken die Wolken etwas von der Zweierkontrastierung ab.

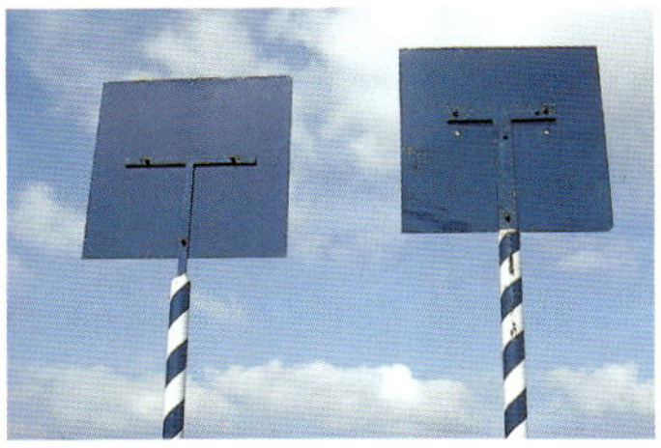

Der grösste Reiz bei nahezu identischen Punkten oder Formen besteht darin, die geringen nicht identischen Differenzierungen zu entdecken. So sind die Zwillinge (die Kinder) in unterschiedlichem Licht (vorrangig in den rosa Röcken auffallend), und die blauen Schilder vor blauem Himmel haben eine leicht unterschiedliche Halterung sowie andere kleine Unterschiede.
Leichte Störungen der Gleichgewichtigkeit sind im Bild der weissen Fassade mit den dunklen Fenstern zu finden (Kabel) sowie in dem Gegenlicht-Porträt (die Lichtecke des Kragens).
Auch das Haus mit den aufgemalten Fenstern und den beiden sehr ähnlichen Schornsteinen hat ablenkende Details – so etwa die Bank rechts der Tür und andere.
Zu den Beispielen, bei denen

ein Gestaltungselement zwar vorherrscht, sich jedoch auch andere Form- und Farbelemente bemerkbar machen, gehören die Bilder der beiden Männer unter dem Schirm (einer mit Hut, der andere ohne, beide jedoch mit Brille) und

und Unterschiede in Struktur und Fläche der Fassade Konkurrenz.

In gleich grosse Einheiten ist die Bildfläche im Beispiel des Obststandes geteilt. Eine leichte Gewichtsverschiebung geschieht jedoch dadurch, dass die roten Äpfel ebenfalls in grünes Papier eingepackt sind.

das südliche Fassadenteil. Den beiden Fenstern mit den roten Fensterläden machen der ungleichmässige Baum